데이빗 린치의 **빨간방**

Catching the Big Fish: Meditation, Consciousness, and Creativity
Copyright ⓒ 2006 by Bobkind, Inc.
Korean translation copyright ⓒ 2008 by Thatbook Co., Ltd.

All rights reserved including the right of reproduction in whole or in part in any form.
This edition published by arrangement with Literary and Creative Artists, Inc. in conjunction with Shinwon Agency Co.

이 책의 한국어판 저작권은 신원에이전시를 통해 저작권자와 독점 계약한 (주)그책에 있습니다.
신저작권법에 의하여 한국 내에서 보호를 받는 저작물이므로 무단 전재 및 무단 복제를 금합니다.

# 데이빗 린치의 빨간방

데이빗 린치 지음 | 곽한주 옮김

**추천사**

# 다른 세계를 체험하라

　이 책은 마법의 주문과 같다. 현대 미국영화계에서 가장 창의적인 감독 데이빗 린치가 우리에게 삶과 예술의 충만함을 얻는 방법을 알려준다. 단순 명쾌한 언어로 그는 수리수리 마수리, 마법을 건다. 간결하고 반복적인 언어로, 그는 하루 20분씩 명상에 몰입하면 어떤 평안을 얻게 되는지 차분하게 들려주고 있다.
　초기작에서부터 데이빗 린치는 언어로 설명되지 않는 인생의 수수께끼 같은 광경을 스크린에 옮겼다. 〈멀홀랜드 드라이브〉 이후 그는 이미지의 충격을 주는 차원에서 더 나아가 스크린에 또 다른 자기만의 세계를 창조했다. 해석 불가능을 명시하는 그의 최근작의 비밀을 이 책을 통해 조금씩 알게 된다. 그는 우리에게 이 세상의 얼치기 예언자들이나 자본가들이 강요하는 프로그램에 맞춰 자아를 잃고 살아가는 굴레에서 벗어나 자기 내부의 멋진 망명정부를 건설하는 통로를 알려준다. 의식의 통일장을 체험하기 위해 자신의 내부로 들어가서 우주의 기운을 받는 일은 생각만 해도 멋진 일이다.

예술은 고통 속에 단련되고 짜내야 하는 것이라고 믿는 사람들에게 데이빗 린치의 예술관은 위안을 준다. 그는 우선 당신 자신부터 마음의 평화를 얻고 행복해져야 의식의 감옥에서 벗어나 다른 세상이 보이며 창의력이 열린다고 말한다. 의식을 열어두고 낚싯대를 던져야 창의력이라는 고기를 건질 수 있다. 데이빗 린치의 영화는 우연과 영감과 계기에 마음을 열어놓고 의식의 통일장에 흡수되는 상태를 기다리며 기적을 만들어낸 결과물이다.

데이빗 린치가 회상하는 영화현장에서의 일화들과 일상적 에피소드들의 실례를 통해 그 기적의 실체가 흥미롭게 펼쳐진다. 린치가 이 책을 통해 전해주는 메시지는 다음과 같은 것이다. '다른 세계를 체험하라' 그런데 그것은 그의 영화가 우리에게 준 선물이 아니었던가. 이 책을 읽는 것은 데이빗 린치 예술의 비밀을 들여다보는 일이자 신비한 영감의 내림굿을 받는 것과 같다.

김영진 | 영화평론가

옮긴이의 말

# 진정한 영화작가의 창작노트

이 책은 데이빗 린치의 《Catching the Big Fish: Meditation, Conscious-ness, and Creativity》(Jeremy P. Tarcher/Penguin, 2006)를 완역한 것이다. 자전적 에세이집이라고 할 수 있는 이 책은 두께는 얇지만, 린치의 삶을 대하는 태도와 예술가로서의 열정, 그리고 독특한 창작 과정을 진솔하게 보여주는 책이다. 그가 전하는 초월명상의 세계를 알게 되는 것은 덤이라 할 수 있다.

잘 알려졌다시피 데이빗 린치는 미국의 영화감독으로서 현존하는 영화감독 중 가장 존경받는 이 중 하나다. 자신만의 독특한 영화세계를 구축해서 할리우드와 실험영화의 가교를 놓은 영화작가로 평가받고 있다.

1946년 미국 몬태나주 미술라에서 태어난 린치는 원래 그림 그리기를 즐기던 미술학도였다. 그러나 필라델피아 미술아카데미 재학 중이던 1966

년 단편영화 〈6명의 아픈 사람들〉을 만든 이후 영화로 관심을 돌리게 되었다. 1971년에는 아예 로스앤젤레스로 이주해 미국영화연구소(AFI) 영화학교의 MFA과정에서 영화제작을 전공하게 된다.

AFI에서 받은 지원금 1만 달러를 바탕으로 첫 장편영화 제작에 나서 5년만인 1977년 〈이레이저 헤드〉를 완성한다. 기괴한 초현실적인 이미지가 충격적인, 이 실험적인 데뷔작은 곧 컬트영화의 고전이 되었다. 이어 차기작 〈엘리펀트 맨〉(1980)이 흥행과 비평에 모두 성공을 거두면서 그는 할리우드가 주목하는 감독으로 떠오른다. 할리우드의 귀재라 불리는 조지 루카스가 〈스타워즈〉 시리즈의 세 번째 영화 〈제다이의 귀환〉의 연출을 의뢰한 것도 이때였다. 그러나 린치는 루카스의 제안을 거절했다. 자신의 비전에 따라 영화를 만들 수 없을 것이라는 이유에서였다. 린치는 무엇보다도 예술가의 길을 걷고자 했던 것이다.

1984년 린치는 프랭크 허버트의 공상과학 소설을 원작으로 한 대작 〈듄〉을 내놓았으나, 제작자의 손에 의해 상당 부분 편집된 이 영화는 흥행에서 참패했다. 그러나 1986년 그의 대표작으로 꼽히는 〈블루 벨벳〉으로 재기에 성공한다. 미국의 한 소읍을 배경으로 말끔하고 순수한 겉모습 이면의 악몽과 같은 타락과 광기, 퇴폐의 세계를 펼쳐 보인 이 영화는 1980년대 미국영화의 대표작으로 널리 거론되고 있다.

TV에도 진출해 ABC-TV를 통해 방영된 〈트윈 픽스〉 시리즈는 큰 화제를 불러일으켰다. 이후로도 특유의 꿈꾸는 듯 기괴하면서도 아름답고, 도전적이며 실험적인 영화들을 계속 발표했다. 〈광란의 사랑〉(1990), 〈로스트 하이웨이〉(1997), 〈멀홀랜드 드라이브〉(2001), 〈인랜드 엠파이어〉(2006) 등이 그런 영화다.

린치는 영화와 TV드라마의 대본을 쓰고 연출을 하는 이외에도 다재다능한 예술가의 면모를 보여주었다. 그림과 만화를 그렸고, 무대 디자인과 가구제작을 하는가 하면, 〈인랜드 엠파이어〉에선 자신이 작곡한 노래를 부르는 가수로 출연하기도 했다. 록 앨범에서 기타를 연주한 적도 있다.

2005년부터는 '의식 기반 교육과 세계 평화를 위한 데이빗 린치 재단'을 설립해 초월명상의 보급을 통한 교육개선과 평화운동도 펼치고 있다.

린치에게서 놀라운 것은 그가 시종일관 긍정의 힘을 보여준다는 점이다. 그는 자신이 원하는 것을 결코 포기하지 않고 끝까지 추구했다. 어린 시절부터 그림 그리기를 좋아했던 그는 화가로 살 수도 있다는 것을 알게 된 순간부터 - 린치는 어린 시절엔 어른이 되면 그림 대신 뭔가 다른 일을 해야 하는 것으로 알고 있었다고 고백한다 - 그림을 그리기 시작했고 '움직이는 그림'인 영화에 매료된 이후는 결코 영화작업을 포기하지 않았다.

그가 〈이레이저 헤드〉를 찍을 당시, 기괴한 배추머리 주인공 헨리(잭 낸스 분)가 현관문 앞에 서 있는 장면을 찍고나서, 이어지는 방으로 들어온 장면을 찍기까지 1년 반이 걸렸다는 에피소드는 그가 처했던 어려움을 단적으로 말해준다.

가족의 반대와 극심한 자금난에 시달리던 린치가 그때 영화작업을 포기했다면, 우리는 린치가 빚어내는 기괴하면서도 아름답고, 섬세하고도 도전적인 영상세계를 결코 볼 수 없었을 것이다. 그가 마치 예수처럼 진정으로 원하면 얻을 것이라고 말할 때, 그것은 단지 독자에게 던지는 위로의 말이 아니다. 그 말이 그의 삶의 체험에서 우러나왔음을 이 책은 증언하고 있다.

린치는 자신의 긍정적 사고와 창의력을 33년간 하루도 빠짐없이 수행해 온 초월명상 덕분으로 돌린다. 우리 삶의 사회·역사적 구조를 강조하는 옮긴이로서는 저자가 가끔 초월명상을 마치 세상 모든 악의 치료법인 것처럼 제시하는 것이 거슬리긴 하지만, 초월명상이 열어주는 가능성에 놀란 것도 사실이다. 초월명상에 대한 그의 태도를 어떻게 받아들이든, 이 책은 창조적인 삶을 꿈꾸는 젊은이들에게 크나큰 격려를 보낼 것이고, 고된 현실에 지친 이들에게는 희망의 빛을 던져줄 것임을 의심치 않는다.

이 책을 번역하면서 진정한 영화작가의 삶과 예술을 엿보았던 일은 옮긴이가 누렸던 즐거움이었다. 번역은 가능하면 쉽고 명확하게 하려고 노력했으나, 판단은 독자의 몫일 수밖에 없다. 깔끔하게 책을 꾸며준 (주)그책 편집진에게 감사드린다.

2008년 가을

곽한주

거룩하신 요기 마하리시 마헤시 님께

## CONTENTS

005　추천사
007　옮긴이의 말
018　시작하며

021　첫 명상
024　고무 광대옷
026　시초
028　예술가의 삶
031　한밤의 정원
033　다른 세계
034　영화
036　해석
039　원
041　아이디어 1
043　욕망
044　의식
046　아이디어 번역기

048　로스앤젤레스
050　이레이저 헤드
051　집중
054　요기의 얼굴
055　세상에서 가장 화난 개
057　음악 1
059　직관
061　통일장
064　제4의 상태
066　창조 에너지
068　현대과학과 고대과학
070　생활 속 명상
072　정체성
073　최종 편집권
076　치료
077　꿈

## CONTENTS

| | | | |
|---|---|---|---|
| 078 | 안젤로 바달라멘티 | 112 | 깨달음 |
| 080 | 음악 2 | 114 | 종교 |
| 082 | 캐스팅 | 115 | 마약 |
| 085 | 리허설 | 117 | 불을 밝혀라 |
| 088 | 두려움 | 118 | 산업교향곡 제1번 |
| 090 | 지금 모두 함께 | 121 | 로스트 하이웨이 |
| 092 | 트윈 픽스 | 122 | 제약 |
| 095 | 연속극 | 125 | 멀홀랜드 드라이브 |
| 097 | 빨간방 | 127 | 상자와 열쇠 |
| 099 | 아이디어 2 | 128 | 장소에 대한 느낌 |
| 103 | 관객 시사 | 129 | 아름다움 |
| 104 | 일반화 | 130 | 결 |
| 105 | 반영 | 131 | 나무로 작업하기 |
| 107 | 고통의 지휘자 | 133 | 작업실 |
| 110 | 자아의 빛 | 135 | 불 |

## CONTENTS

136 영화의 조명
137 스트레이트 스토리
138 나의 영화 영웅들
140 펠리니
142 큐브릭
144 인랜드 엠파이어
148 제목
150 일하는 새로운 방식
151 감독 코멘터리
153 영화의 죽음
156 젊은 영화작가들과 DV
157 DV의 화질
159 영화의 미래
161 상식
162 충고

164 잠
165 포기하지 않기
167 성공과 실패
169 욕망의 불씨
171 공감
173 의식에 기반을 둔 교육
177 진정한 평화

180 마치며
183 간추린 영화연보
187 인용된 문헌
188 용어 설명
190 인명 설명

시작하며

아이디어는 물고기와 같다.
작은 물고기를 잡고자 한다면 얕은 물에 머물러도 된다. 그러나 큰 물고기를 잡으려면 깊은 곳으로 들어가야 한다.
깊은 곳에 있는 물고기는 더 힘세고 더 순수하다. 그놈들은 덩치가 크고 심원하며 아주 아름답다.
난 내게 중요한 물고기를 찾는다. 영화로 옮길 수 있는 물고기. 그런데 저 깊은 곳에서 헤엄치는 물고기는 한두 종류가 아니다. 사업에 필요한 물고기도 있고, 스포츠에 적합한 물고기도 있다. 모든 것에 필요한 제각각의 물고기들.
대상으로 존재하는 모든 것은 가장 깊은 곳으로부터 나온다. 현대 물리학은 그곳을 '통일장the Unified Field'이라고 부른다. 당신은 의식을 확장하면 할수록 그 원천을 향해 더 깊이 내려갈 수 있고, 더 큰 물고기를 잡을 수 있다.

나는 33년간 초월명상법Transcendental Meditation Program을 수행해 왔다. 초월명상법은 영화와 회화를 비롯한 내 삶의 모든 영역에서 중심 역할을 해왔다. 내게 그것은 큰 물고기를 찾아 좀 더 깊은 곳으로 잠수하게 해주는 방법이었다. 이 책에서 나는 초월명상법을 통한 경험을 당신과 나누고 싶다.

## 첫 명상

> 행복이 자기 내부에, 만족이 자기 내부에,
> 빛이 자기 내부에 있는 사람이 요기고 브라만과 하나 되는 사람이다.
> 그런 사람은 신적인 의식에서 영원한 자유를 얻는다. – 바가바드기타

처음 명상에 대해 들었을 때 난 전혀 관심이 없었다. 호기심조차 없었다. 명상이란 그저 시간 낭비처럼 보였다.

그런데 나는 "진정한 행복은 자기 내부에 있다"라는 문구 때문에 명상에 관심을 두게 됐다. 처음 그 말을 들었을 때 좀 치사하다는 느낌을 받았다. 왜냐하면, 그 '내부'가 어디인지, 그곳에 어떻게 도달할 수 있는지를 말해주지 않았기 때문이다. 그렇지만, 그 말은 진실을 어느 정도 갖고 있었다. 그래서 나는 명상이 내부로 가는 길일지도 모른다고 생각하기 시작했다.

나는 명상에 대해 꼼꼼히 살펴보고, 질문도 해보고, 다른 형태로 무엇이

있을지를 숙고하기 시작했다. 그즈음 내 누이가 전화를 걸어왔는데 자기가 6개월째 초월명상을 하고 있다고 말했다. 나는 그녀 목소리에서 뭔가를 느꼈다. 그것은 변화, 즉 행복감이었다. 그래서 나는 초월명상법이 바로 내가 원하는 것으로 생각했다.

1973년 6월 나는 로스앤젤레스의 TM센터를 찾아가 한 강사를 만났고 그녀에게서 좋은 느낌을 받았다. 그녀는 영화배우 도리스 데이Doris Day를 닮았다. 그녀가 내게 일종의 음향진동사고Sound-Vibration-Thought인 만트라를 가르쳐 주었다. 만트라Mantra는 그 의미에 대해 명상하는 것이 아니다. 만트라 그 자체가 바로 특정한 음향진동사고다.

그녀는 나를 작은 방으로 안내해 최초의 명상을 하도록 했다. 나는 자리에 앉아 눈을 감고 만트라를 읊조리기 시작했다. 그러자 마치 내가 탄 엘리베이터의 케이블이 잘려나간 듯한 느낌을 받았다. 쿵! 나는 충만한 희열감 속으로 빠져 들어갔다. 순수한 행복감. 나는 그냥 그 순수한 행복감 속에 있었다. 이윽고 강사가 말했다.

"이제 깨어날 시간이에요. 20분이 지났어요."
"벌써 20분이나 지났다고요?!"

내가 소리 지르자 그녀는 "쉬잇!" 하고 손을 입에 댔다. 다른 사람들이 명상 중이었기 때문이다. 모든 것이 아주 친숙한 듯하면서도 새로웠고 강렬한 경험이었다. 이 일 이후로 나는 '유일무이하다Unique'란 단어는 그런 경우에만 쓸 수 있다고 말하곤 했다.

명상은 당신을 순수한 의식의 바다로, 순수한 앎의 바다로 데려간다. 그러나 그것은 낯설지 않다. 그것이 바로 당신이기 때문이다. 그리고 곧바로 행복감이 밀려온다. 신경안정제로 얻는 행복감이 아닌, 진한 행복감이 밀려온다.

나는 지난 33년간 단 한 번도 명상을 중단한 적이 없다. 아침에 한 번, 오후에 다시 한 번 매번 20분 정도 명상을 한다. 그러고서 하루 일을 시작하면 일하는 즐거움이 커진다. 직관력도 향상하며 삶의 기쁨도 커진다. 대신 부정적 사고는 줄어든다.

## 고무 광대옷

> 자기에 대해 알지 못한 채 진정한 행복을 얻기는
> 하늘 전체를 작은 보자기에 싸는 것보다 어렵다. - 우파니샤드

명상을 시작했을 무렵 나는 불안과 공포에 시달리고 있었다. 당시 침울함과 분노에 자주 사로잡혔다.

나는 분노를 첫 번째 아내에게 종종 쏟아 냈다. 명상을 시작한 지 2주일 정도 지났을 때 아내는 내게 다가와 물었다.

"무슨 일이 생긴 거예요?"

난 잠시 가만히 있었다. 그리고 이윽고 말했다.

"그게 무슨 말이요?"
"당신 화내는 버릇 말이에요. 그거 어디로 간 거죠?"

난 화내는 버릇이 사라졌다는 것도 깨닫지 못하고 있었다.
내가 느끼던 울화를 나는 '부정성의 질식할 듯한 고무 광대옷'이라고 부른다. 그것은 우리를 질식시킨다. 그 고무 냄새는 역겹다. 그러나 일단 명상을 시작하고 그 내부로 잠수해 들어가면 광대옷은 서서히 풀어헤쳐진다. 그 냄새가 사라지기 시작하면 고무 냄새가 얼마나 지독했는지 깨닫게 된다. 그리고 그 옷이 풀어헤쳐지면 이제 당신은 자유로워진다.

울화와 슬픔은 소설 속에서는 아름다운 것일 수 있다. 그러나 그것은 예술가에게는 독과 같다. 창조성을 옥죄는 좀틀 같은 것이다. 울화와 슬픔에 사로잡히면 당신은 침대에서 일어나기도 귀찮아진다. 창조적인 아이디어가 흘러넘친다는 것은 기대할 수도 없다.

따라서 창의적이고 싶다면 먼저 명확하게 볼 수 있어야 한다. 그래야만 아이디어를 낚아챌 수 있다.

## 시초

　나는 미국 북서부에서 자란 그저 평범한 사람이었다. 아버지는 나무를 연구하는 분으로 농무성에서 근무하였다. 그래서 나도 숲에 자주 갔다. 어린이에게 숲은 마치 마법의 세계와 같다. 내가 살던 곳을 사람들은 흔히 소읍이라고 불렀다. 당시 나의 세계는 도시로 치자면 한 블록, 기껏해야 두 블록 정도에 지나지 않았다. 모든 것이 그 공간 안에서 일어났다. 내 꿈도, 내 친구들도 그 작은 세계 안에 존재했다. 그러나 내게 그 세계는 커다란 마법의 세계였다. 당시 나는 꿈 꿀 시간과 친구들과 어울릴 시간이 충분했다.

　나는 그림 그리기를 좋아했다. 어린 나는 곧잘 아무런 근거 없이 어른이 되면 그림 그리기를 그만두고 좀 더 진지한 일을 해야 한다고 생각했다. 9학년 때 우리 집은 버지니아 주의 알렉산드리아로 이사했다.

　어느 날 나는 여자 친구네 집 앞 잔디밭에서 토비 킬러라는 애를 만났다. 토비는 자기 아버지가 화가라고 말했다. 하지만, 난 그 애 아버지가 페인트공이리라 생각했다. 그런데 얘기를 더 듣다 보니 화가라는 것을 알 수 있었다.

    토비 킬러와의 대화가 내 인생을 바꿔 놓았다. 과학에 흥미가 좀 있긴 했지만, 갑자기 내가 화가가 되고 싶어 한다는 것을 깨달았다. 나는 예술가로 살고 싶었다.

## 예술가의 삶

나는 고등학교 시절에 로버트 헨리Robert Henri가 쓴 《예술 정신 The Art Spirit》을 읽었다. 그 책을 읽으며 예술가의 삶에 대해 생각했다. 내게 예술가의 삶을 산다는 것은 회화에 헌신하는 것을 뜻했다. 그림 그리기에 전적으로 헌신하면서 다른 모든 것은 부차적인 것으로 여기는 삶 말이다.

그 삶이 심층까지 들어가 뭔가를 발견할 수 있는 유일한 길이라고 생각했다. 이런 사고방식에서 보자면, 발견의 길에서 벗어나도록 하는 모든 것은 예술가의 삶에서 제외되어야 한다. 실제로 예술가의 삶은 자유를 뜻한다. 난 그런 삶이 조금은 이기적이라고 생각한다.

그러나 반드시 이기적일 필요는 없다. 예술가로 산다는 것은, 단지 시간을 필요로 한다는 것을 의미한다.

내 친구 토비의 아버지 부시넬 킬러는 이렇게 말하곤 했다.

"한 시간 동안 멋진 그림을 그리려면 적어도 네 시간 동안 방해받지 않아야 해."

그 말은 기본적으로 옳다. 캔버스 앞에서 곧바로 그림을 그릴 수는 없다. 그림을 제대로 그리려면 한동안 앉아서 마음속의 아이디어를 가다듬어야 한다. 그리고 모든 재료가 미리 준비돼 있어야 한다. 예를 들면, 캔버스를 얹어놓을 받침대가 필요할 것이다. 많은 시간을 들여 그림 그릴 준비를 하여야 할 경우도 있다. 그런 다음에야 그림을 그릴 수 있다.

또 그림을 시작하려면 아이디어가 충분히 익어야 한다. 왜냐하면, 일단 그림을 시작한 이후는 작용과 반작용의 과정이기 때문이다.

그림 그리기는 항상 짓고 부수는 과정이다. 그러다 보면 부숴 버린 곳에서 뭔가를 발견하고, 그곳에 뭔가를 짓게 된다. 이런 작업에서 자연은 큰 역할을 한다. 햇빛에 뭔가를 건조하거나 서로 반응하는 물질들을 사용할 때처럼 민감한 것들을 함께 모아 놓으면, 그 자체로 유기적인 작용이 일어난다. 그러면 느긋이 앉아서 그 과정을 지켜보면서 연구하고, 또 연구하는 것이 할 일이다. 그러다 갑자기 의자에서 벌떡 일어나 다음 일을 하게 된다. 이것이 작용과 반작용이다.

그런데 만약 30분 후 밖에서 약속이 있다면 이런 일은 할 수 없다. 그래서 예술가의 삶이란 좋은 일이 생기기를 바랄 만큼의 충분한 시간을 갖는 자유를 의미한다. 그렇다고 해서 다른 일을 위해서도 항상 충분한 시간을 가질 수 있다는 것은 아니다.

## 한밤의 정원

　나는 화가가 되었다. 그림을 계속 그렸고 미술 학교에 들어갔다. 영화에는 관심이 없었다. 영화를 보러 극장에 가끔 갔지만, 진짜 하고 싶은 것은 그림 그리기였다.
　그러던 어느 날 나는 펜실베이니아 예술학교의 커다란 작업실에 앉아 있었다. 작업실은 작은 칸막이 방으로 나누어져 있었다. 오후 세 시쯤 난 내 칸막이 방에서 '한밤의 정원'을 그리고 있었다. 초록색 식물이 검은 바탕으로부터 자라나는 듯한 그림이었다. 갑자기 이 식물이 움직이기 시작했고 나는 바람 소리를 들었다. 환각제를 먹은 것도 아니었는데! 그건 정말 굉장했다! 이후 영화가 그림을 움직이게 하는 방법일지 모른다고 생각하기 시작했다.
　해마다 연말이면 실험적인 회화와 조각을 대상으로 한 콘테스트가 열렸다. 그 전해에 난 콘테스트 출품작을 만들어 두곤 했는데, 이번에는 움직이는 그림을 해봐야겠다고 마음먹었다.

나는 대략 가로 1.8미터, 세로 2.4미터짜리 스크린을 조각하고 그 위에 꽤 조잡한 스톱 모션stop motion 영화를 영사했다. 그리고 제목을 〈6명의 아픈 사람들〉이라고 붙였다. 그 작품이 내가 할 수 있는 영화 작업의 한계라고 생각했다. 왜냐하면, 그 작품 하나 만드는 데 무려 200달러나 들었기 때문이다. 그렇게 비싼 일을 계속할 수는 없다고 생각했다.

그런데 어느 나이 지긋한 학생이 내 작품을 보고는 그것을 제작해 자기 집에 설치해 달라고 주문했다. 그것이 모든 일의 시작이었다. 그 이후 난 내가 하고 싶은 영화 일을 할 수 있었다. 차츰차츰, 아니 단박에 난 이 새로운 매체와 사랑에 빠졌다.

## 다른 세계

모든 자연은 단지 마법의 극장이요, 위대한 마법사요,
이 모든 세계는 마법사의 수많은 부분이 모여 이뤄진 것임을 알아야 한다.
- 우파니샤드

왜 그런지는 잘 모르겠지만, 영화관에 들어가 불빛이 꺼지는 순간은 마술적인 느낌이 든다. 순간 사방이 조용해지고 커튼이 올라가기 시작한다. 아마 커튼은 붉은색이리라. 그러면 당신은 다른 세계로 들어가는 것이다.

이런 상황을 남과 공유하는 것은 멋진 일이다. 당신 집에서 당신의 극장이 당신 앞에 펼쳐질 때, 극장을 찾을 때만큼은 아니지만, 여전히 멋질 것이다. 그것은 또 하나의 세계로 들어가는 길이다. 대형 스크린으로 영화를 볼 때가 최고이긴 하지만.

## 영화

영화는 하나의 언어다. 영화로 뭔가에 대해, 때로는 크고 심원한 것에 대해 말할 수 있다. 그 때문에 나는 영화를 사랑한다.

난 항상 말을 잘하지도 글을 잘 쓰지도 못한다. 그러나 시인처럼 언어로 뭔가에 대해 아름답게 말하는 방법을 알고 있는 사람들이 있다. 그리고 영화는 그 자체의 언어를 갖고 있다. 그 언어로 당신은 여러 가지를 아주 다양하게 말할 수 있다. 왜냐하면, 당신은 시간과 시퀀스sequence를 갖게 되기 때문이다. 또 대사도 사용할 수 있고 음악도 쓸 수 있다. 영화는 여러 가지 도구를 아주 많이 제공한다. 그래서 당신은 다른 방법으로는 전달할 수 없는 느낌과 생각을 영화로 표현할 수 있다. 영화는 마술과 같은 매체다.

이러저러한 그림과 사운드가 시간 속에서 시퀀스를 이루어 함께 흐르면서 영화를 통해서만 가능한 뭔가를 만들어내는 것은 생각만 해도 매우 멋진 일이다. 영화는 말이나 음악만이 아니다. 영화는 갖가지 요소가 서로 합쳐져서 이전에는 존재하지 않던 뭔가를 만들어낸다. 영화는 스토리를 전하며 직접 보지 않으면 맛볼 수 없는 세계와 경험을 만들어낸다.

    나는 영화에 관한 아이디어가 떠오르면, 그것을 어떻게 영화로 표현할 수 있을지 궁리하는 것을 즐긴다. 나는 추상적인 것을 구체화해 주는 스토리를 좋아한다. 그것이 영화가 할 수 있는 일이다.

## 해석

　영화는 그 자체로 독립적이어야 한다. 영화감독이 영화가 의미하는 바를 언어로 표현해야 한다고 느낀다면 그것은 어처구니없는 일이다. 영화 속의 세계는 만들어진 세계인데, 사람들은 종종 이 가공의 세계에 들어가는 것을 좋아한다.

　관객들은 영화 속의 세계가 실재한다고 생각한다. 사람들은 뭔가가 행해지는 방식이나 그것이 의미하는 무언가를 영화 속에서 찾아내곤 한다. 그러면 그 영화를 본 관객들은 그것이 마치 자신의 경험인양 생각한다. 그리고 관객들은 그 영화를 특별하게 여긴다.

　이렇듯 영화에 특별한 의미를 부여하는 것은 매우 귀중하고도 중요한 일이다. 따라서 이러한 경험을 망쳐 버릴 수 있는 말과 행위를 하는 것은 좋지 않다.

작품 외부의 무언가가 꼭 필요한 것은 아니다. 이 세상에는 위대한 책이 수없이 많다. 그중에는 저자가 오래전에 죽어서 그들에 대해 더 알 수 없는 경우도 많다. 그렇지만, 책이 있는 것만으로 충분하다. 그 책을 읽으면서 당신은 꿈 꿀 수 있고 생각할 수 있으니까.

영화를 보고 난 뒤 무슨 의미인지 잘 이해하지 못하겠다고 말하는 사람들이 가끔 있다. 그러나 그들은 자신들이 깨닫는 것 이상으로 많은 것을 이해하고 있다. 왜냐하면, 우리는 직관이라는 귀중한 능력을 갖추고 태어났기 때문이다.

어떤 사람들은 음악을 도통 이해하지 못하겠다고 말한다. 그러나 사람들은 대부분 음악을 정서적으로 경험하며, 음악이 일종의 추상이란 점에 동의한다. 음악을 곧바로 말로 바꿀 필요는 없다. 그냥 음악을 들으면 된다.

영화는 음악과 비슷한 점이 많다. 영화는 아주 추상적일 수 있다. 그런데 사람들은 영화에서 지적인 의미를 찾아내려는, 영화를 말로 바꾸려는 열망을 지니고 있다. 그래서 그렇게 하지 못할 때 좌절감을 느낀다.

그러나 하고자 한다면 자신의 내부로부터 설명을 끌어낼 수 있다. 영화를 보고 난 뒤 친구에게 얘기를 하다 보면 곧 뭔가를 보게 된다. 그 뭔가가 무엇인지, 그리고 무엇이 아닌지를 알 수 있다. 얘기를 하다 보면 친구와 같은 의견일 때도 있고 의견이 갈릴 때도 있을 것이다. 하지만, 아는 것이 없다면 어떻게 의견이 같거나 달라질 수 있겠는가.

    흥미로운 점은 사람들은 자신이 생각하는 것 이상으로 많이 알고 있다는 것이다. 자신이 아는 것을 소리 내어 말하면 알고 있는 바가 더 명확해진다. 영화에서 뭔가를 보았을 때, 좀 더 그것의 정체를 명확히 보려고 애쓰는 것이 좋다. 그리고는 친구와 다시 얘기를 나눠 보자. 그러다 보면 어떤 결론에 이르게 될 것이다. 그것만으로도 의미 있는 일이다.

원

"세상은 당신이 보는 그대로야."

    나는 이렇게 말하기를 좋아한다. 영화도 마찬가지라고 생각한다. 프린트가 다르다 해도, 한 영화의 프레임은 동일한 수로 이뤄져 있고 동일한 순서로 배열돼 있고 동일한 사운드 등을 갖고 있다. 그러나 관객의 시선 때문에 같은 영화라도 볼 때마다 달라진다. 그 차이는 어떤 때는 아주 미묘한 것에 불과할 수도 있지만, 어쨌든 차이가 있다. 분명히 그 차이를 만들어내는 것은 관객이다.
    여기 관객에게서 출발해서 영화로 갔다가 다시 관객에게 돌아오는 원이 있다고 가정해보자. 관객 개개인은 보고 느끼고 생각하고 자기 나름의 의미를 영화에 대해 갖는다. 아마도 관객이 가진 것은 영화작가인 내가 좋아했던 것과 다른 바일 것이다.

이처럼 한 영화를 사람들이 어떻게 받아들일지는 아무도 알지 못한다. 그러나 당신이 만든 영화를 사람들이 어떻게 받아들일지에 대해서 신경을 쓰거나, 영화가 사람들의 감정을 상하게 하거나 이러저러한 효과를 가지지 않을까 염려한다면 당신은 영화를 더 이상 만들지 말아야 한다.

그냥 당신이 좋아하는 영화를 만들어라. 아무도 그다음에 무슨 일이 일어날지 알 수 없다.

## 아이디어 1

아이디어란 생각이다. 뭔가 불현듯 떠올랐을 때 당신이 별것 아니라고 여겼더라도, 만약 계속 머릿속에 남아 있다면 그것이 바로 아이디어다. 그 최초의 순간에 아이디어는 일종의 섬광과 같다. 만화에서는 어떤 사람이 아이디어가 떠올랐을 때를 전구가 반짝 켜지는 것으로 표현한다. 실제 삶에서도 아이디어는 순식간에 생겨난다.

영화 전체의 아이디어가 한꺼번에 떠오른다면 더할 나위 없이 좋을 것이다. 그러나 내 경우는 전체가 아닌 조각만 떠오른다. 최초의 아이디어 조각은 로제타석Rosetta Stone과 같다. 그것은 나머지가 어떠한지를 알려 주는, 퍼즐의 최초 조각이다. 영화의 나머지를 떠올릴 수 있게 해줄, 가능성을 내포한 첫 번째 퍼즐 조각인 것이다.

〈블루 벨벳 Blue Velvet〉의 첫 번째 퍼즐 조각은 빨간 입술, 푸른 잔디, 그리고 바비 빈튼Bobby Vinton이 부른 노래 「블루 벨벳」이었다. 그다음 조각은 풀밭에 떨어져 있는 잘린 귀였다. 그것이 전부였다.

　당신은 아주 작은 조각에 불과한, 최초의 아이디어와 사랑에 빠져야 한다. 그러면 나머지는 시간이 지나면서 저절로 풀려나간다.

## 욕망

아이디어에서 욕망은 미끼와 같다. 낚시를 할 때, 당신은 끈질기게 기다려야 한다. 바늘에 미끼를 꿰어 던져 놓고 나서 마냥 기다려야 하는 것이다. 욕망은 다른 아이디어를 끌어들이는 미끼다.

신통한 일은 당신이 좋아하는 물고기 한 마리를 잡으면, 그것이 작은 물고기 – 아이디어의 조각 – 에 불과할지라도 다른 물고기들을 끌어들인다는 점이다. 그래서 결국 당신의 낚시에 걸리게 된다. 이제 본궤도에 오르게 되는 것이다. 곧 점점 더 많은 조각이 모이고, 이윽고 전체가 모습을 드러낸다. 그러나 이 모든 것은 욕망에서부터 시작된다.

## 의식

> 명상을 하면 속박되지 않은 광활함을 깨닫게 된다.
> 그러한 것이 행복이다. 작은 것에 갇히면
> 행복은 존재하지 않는다. – 우파니샤드

    작은 물고기는 표면에서 놀지만 큰 물고기는 물속 깊은 곳에서 논다. 당신이 낚은 물고기를 담을 살림망 – 당신의 의식 – 을 늘리면 더 큰 물고기를 잡을 수 있다.

    말하자면 다음과 같다. 모든 인간의 내부에는 순수하고 진동하는 의식의 바다가 있다. 초월명상을 통해서 '초월'하게 될 때 당신은 순수한 의식의 바다로 잠수해 들어간다. 그 바다로 풍덩 빠지는 것이다. 그러면 엄청난 행복감이 밀려온다. 이 행복감으로 당신은 떨게 될 수도 있다. 순수한 의식을 경험하면, 의식의 바다는 더 생생해지고 더 넓어진다. 또 의식의 바다는 더 펼쳐지고 더 자란다.

당신의 의식이 골프공만 하다면, 당신은 책을 읽더라도 골프공 크기 정도만 이해하게 된다. 창밖을 내다보아도 골프공 크기 정도만 보게 된다. 그리고 아침에 깨어나도 골프공 크기 정도로만 깨어나게 된다. 또 하루 일과를 마쳐도 골프공 크기의 내면적 행복만을 느끼게 된다.

그러나 의식을 확장해서 자라게 하면, 책을 읽더라도 이해의 폭이 넓어진다. 창밖을 내다보더라도 더 많은 것을 보게 된다. 아침에 깨어나더라도 더 또렷하게 깨어나며, 하루 일과 후에도 더 큰 내적 행복을 느끼게 된다.

또 의식을 확장하면 당신은 깊은 곳에서 아이디어를 떠올릴 수 있게 된다. 실제로 창의력은 깊은 곳에서 흘러나온다. 따라서 의식을 확장하면 당신은 환상적인 게임을 즐기듯이 삶을 살 수 있다.

## 아이디어 번역기

내게 모든 영화와 프로젝트는 실험이다. 어떻게 이 아이디어를 옮길 것인가? 어떻게 아이디어를 번역해 영화로, 또는 의자로 만들 것인가?

당신은 지금 아이디어를 갖고 있다. 아이디어를 보고 듣고 느낄 수 있으며 알고도 있다. 지금 당신이 나무토막을 자르기 시작했는데 나무를 원하는 대로 자르지 못하고 있다고 해보자. 그러면 당신은 어떤 부분을 어떻게 더 잘라 내야 할지 생각하게 된다. 이처럼 당신은 작용이나 반작용을 하게 된다. 이런 과정은 제대로 될 때까지 작용과 반작용을 거듭하는 실험이라고 할 수 있다.

당신이 명상을 하면 그런 흐름이 증가한다. 작용과 반작용이 빨라지는 것이다. 여기서 아이디어를 얻고 나서 저기로 가 보거나, 또 다른 곳으로도 가 보게 된다. 마치 즉흥적으로 춤을 추는 것과 같다. 이것저것을 활기차게 하면서 당신의 잠재력을 최대한 발휘할 수 있다.

명상은 기분만 좋게 하는, 그런 척하는 프로그램이 아니다. 그런 프로그램에서는 곧잘 다음과 같이 말한다.

"이 장미꽃 향기를 맡아 보세요. 당신 삶이 나아질 겁니다."

명상은 당신 내부에서 나온다. 내부 깊숙한 곳에서 시작되어 점점 더 자라나야만 하는 것이다. 그렇게 되면 실제로 변화가 생긴다.

이렇게 초월하여 자아 – 순수한 의식 – 를 경험해 보라. 그리고 무엇이 생기는지를 지켜보라.

## 로스앤젤레스

나는 필라델피아에서 살며 5년 동안 미술 학교를 다닌 뒤 로스앤젤레스로 왔다. 필라델피아는 형제애의 도시로 알려졌지만, 내가 살아 본 바로는 지옥과 다름없는 곳이었다. 필라델피아에서 사랑을 찾아보기란 여간 어렵지 않았다.

나는 어두컴컴한 밤에 로스앤젤레스에 도착했다. 다음 날 아침 산빈센테 대로의 작은 아파트에서 밖으로 나왔을 때, 나는 로스앤젤레스의 햇살을 처음으로 보았다. 햇살을 보는 순간 내 가슴은 뛰었다. 그런 햇살 속에 살 수 있는 것은 행운이다.

나는 로스앤젤레스를 사랑한다. 로스앤젤레스를 둘러본 많은 사람이 어딜 가나 똑같은 풍경이 드넓게 펼쳐져 있을 뿐이라고 말한다는 사실을 나는 알고 있다. 그러나 이 도시에 얼마간 머물다 보면, 각 지역이 나름의 분위기를 지니고 있음을 알 수 있다.

　재스민 향기가 나는 밤과 아름다운 날씨를 지닌 이 도시에는 아직도 영화의 황금기가 지속되고 있다. 햇빛은 영감을 떠올리게 하고 힘을 북돋아 준다. 심지어 스모그가 끼었을 때도, 햇빛은 강하지는 않지만 밝고 부드러워서 뭔가를 연상시킨다. 그런 햇살을 보고 있노라면 모든 가능성이 내게 열려 있는 것 같은 느낌을 받는다.

# 이레이저 헤드

〈이레이저 헤드 Eraser Head〉는 내 영화 가운데 가장 탈속적인 영화다. 이런 내 생각을 아무도 이해하지 못하지만, 그것은 분명히 사실이다. 〈이레이저 헤드〉는 어떤 방향으로 자라나고 있었지만, 난 이것이 무엇을 의미하는지 알지 못했다. 나는 영화의 시퀀스들이 말하는 바가 무엇인지 찾으려고 노력했다. 물론 일부는 이해하고 있었다.

그러나 이 전체를 하나로 묶는 것이 무엇인지는 알지 못했다. 이는 상당히 괴로운 일이었다. 그래서 나는 성경을 꺼내어 읽기 시작했다.

어느 날 나는 한 문장과 마주치게 됐다. 난 성경을 즉시 덮었다. 왜냐하면, 내가 읽은 한 문장에서 그것을 찾았기 때문이다. 그래서 나는 그 전체를 알 수 있었다. 그것은 완벽한 비전의 실현이었다.

그 문장이 무엇인지는 아마도 내 평생 말하지 않을 것이다.

## 집중

50년 전에 사람들은 말했다.

"모든 게 빨라지고 있어."

20년 전에도 사람들은 말했다.

"모든 게 빨라지고 있어."

언제나 빨라지고 있는 것처럼 보인다. 요즘은 더욱 빨라지는 것 같다. 정신을 차리기 힘들 지경이다. 텔레비전을 오랫동안 보고 갖가지 잡지를 읽고 있으면, 세상 전체가 당신 곁을 스쳐 지나가는 것처럼 보일 것이다.

〈이레이저 헤드〉를 만들 당시 - 이 영화를 완성하는 데 5년이 걸렸다 - 난 스스로 죽은 사람이라고 생각했다. 종말이 오기 전 세상은 매우 다르리라고 생각했다.

'난 여기서 꼼짝 못하고 이 일에 묶여 있어. 끝내지도 못할 일에. 세상이 나를 버리는구나!'

더 이상 음악을 듣지 않았고 텔레비전에는 눈길도 주지 않았다. 세상 돌아가는 얘기는 도통 듣고 싶지 않았다. 왜냐하면, 그런 얘기를 들으면 내가 죽어 가고 있다는 느낌이 들기 때문이었다. 한번은 주인공 헨리를 골판지로 20센티미터 정도의 축소 모델로 만들어서 스톱 모션 방식으로 촬영을 끝내는 것이 어떨지 생각한 적도 있었다. 그것이 내가 영화를 찍을 수 있는 유일한 방식인 것처럼 보였다. 당시 난 빈털터리였으니까.

그러던 어느 날 남동생과 아버지가 나를 어두침침한 거실에 불러 앉혔다. 남동생은 아버지를 닮아서 아주 책임감이 강했다. 우리는 잠시 이런저런 얘기를 했다. 아버지와 남동생이 〈이레이저 헤드〉는 그만 접고 일자리를 구해야 한다고 말했을 때, 내 심장은 찢어지는 듯했다. 어린 딸을 책임져야 하니 일자리를 구해야 한다는 것이었다.

결국, 나는 일자리를 구했다. 《월 스트리트 저널 Wall Street Journal》을 배달하는 일이었는데, 1주에 50달러를 주었다. 나는 한 장면을 찍을 만한 돈이 모이면 그 장면을 촬영했다. 그렇게 해서 마침내 영화 전체를 끝낼 수 있었다. 이후 나는 명상을 시작하게 됐다. 주인공 헨리를 연기한 잭 낸스 Jack Nance는 나를 위해 3년을 기다려 주었다. 그동안 그는 영화가 죽지 않도록 헨리를 간직해 주었다. 영화에는 헨리가 현관문의 한편에 서 있는 장면이 있다. 그 다음 장면인 헨리가 문을 열고 들어오는 것을 찍기까지 1년 반이 걸렸다. 어찌 이런 일이 일어날 수 있었는지, 어떻게 그토록 오랫동안 버텨낼 수 있었는지 나 자신도 여전히 궁금하다. 어쨌거나 잭은 나를 기다려 주었고 주인공 캐릭터를 가슴속에 간직하고 있었다.

"도넛의 구멍이 아니라 도넛에 신경을 써라"는 말이 있다. 도넛에, 즉 '당신이 하고자 하는 것'에 집중하는 일이 당신이 할 수 있는 전부다. 그 밖의 어떤 것도, 당신 외부의 어떤 것도 당신 스스로 통제할 수 없다. 그러나 당신은 당신 내부에 들어가 거기서 할 수 있는 최선을 다할 수는 있다.

세상이 당신을 지나쳐 버리지는 않을 것이다. 명상을 한다고 해서 당신이 성공하리라는 보장은 어디에도 없다. 그러나 외부에서 일어나는 사건들이 똑같다고 해도, 당신이 집중하고 명상의 도움을 받는다면 그 사건들을 겪는 방식이 달라지고 훨씬 나아지게 될 것이다.

# 요기의 얼굴

책에서 요기Yogi들이 인도의 숲 속에서 가부좌한 채 앉아 있는 사진을 처음 보았을 때 나는 그냥 지나칠 수 없었다. 난 그들의 얼굴을 자세히 들여다보았다. 그 얼굴은 시간을 허비하는 사람들의 모습이 아니었다. 그 모습은 내가 원하는 얼굴로, 내가 알지 못하는 뭔가를 갖고 있었다. 나는 그 얼굴에 끌렸다. 거기에는 힘과 품격이 있으며 두려움은 전혀 없었다. 장난기나 사랑스러움, 또는 힘이 그들의 표정에 드러나 있었다.

이 경험 이후 나는 깨달음enlightenment이란 뭔가 실제적이라고 생각하게 되었다. 그것을 명확히 알지 못하면서도. 그리고 깨달음의 각성을 얻을 수 있는 유일한 길은, 자신의 내부로 잠수해 들어가 그곳에서 펼쳐지는 무언가를 보는 것으로 생각하기에 이르렀다. 왜냐하면, 나는 표면에 머무는 삶에서는 깨달음이란 있을 수 없다는 것을 알았기 때문이다.

## 세상에서 가장 화난 개

만화 《세상에서 가장 화난 개 The Angriest in the World》는 내가 〈이레이저 헤드〉를 만드는 동안 태어났다. 나는 작은 강아지를 그렸는데 그놈은 화난 것처럼 보였다. 내가 그린 강아지를 들여다보면서 생각하기 시작했다.

'왜 이놈이 화가 났을까?'

이런 연유로 나는 결코 움직이는 법이 없는 개를 주인공으로 한 네 칸짜리 만화를 그리게 됐다. 언제나 세 칸은 낮 장면이고 한 칸은 밤 장면이다. 시간이 흘러도 개는 꼼짝도 하지 않는다. 내가 그린 그림을 보다가 개가 화를 내는 이유는 주변 환경 때문이라는 생각이 퍼뜩 들었다. 주변 환경이 화를 불러일으키는 것이다. 개는 집에서 나는 소리를 듣는다. 때로는 울타리

저편에서 무슨 일이 생기거나 날씨가 변덕을 부리기도 한다.

　그렇지만 최종적으로 문제가 되는 것은 개가 듣는, 집 안에서 나는 소리다. 참으로 재미있는 발상이지 않은가. 개는 밖에 있는데 말풍선은 집 안에서 나오는 소리를 담고 있으니! 그러니까 웃음을 불러일으키는 것은 말풍선의 몫이었다.

　《LA 위클리 LA Weekly》가 이 만화를 게재하고 싶어 했다. 그래서 9년간 그 주간지에 실리게 됐다. 2년이 지나고서는 《볼티모어 선 Baltimore Sun》도 내가 그린 만화를 게재했다. 매주 월요일이면 나는 무엇을 그릴지를 고민해야 했다. 그러고 나서 만화를 그려 신문사에 팩스로 보내곤 했다. 난 만화에 글자 써넣기를 항상 하지는 않았으며 어떨 때는 글자 모양이 맘에 들지 않기도 했다. 그래서 마감 직전 내가 글자 작업을 다시 하기도 했다.

　연재 도중 만화 담당 편집자가 다른 신문사로 자리를 옮겨 다른 편집자를 상대하기도 했다. 9년간의 연재가 끝나갈 즈음 처음 내 만화를 담당했던 편집자가 다시 그 신문사로 돌아왔다. 그리고 그가 만화 연재를 끝내자고 해서 내 만화는 끝을 맺게 됐다.

## 음악 1

〈엘리펀트 맨 The Elephant Man〉을 찍고 있던 어느 날, 나는 라디오를 듣고 있었다. 라디오에서는 새뮤얼 바버Samuel Barber의「현악을 위한 아다지오 Adagio for strings」가 흘러나오고 있었다. 이 음악이 좋았고 영화의 마지막 장면에 쓰고 싶었다. 제작자 조나산 생거에게 그 음악을 구해 달라고 부탁했다. 그는 각기 다른 버전의 레코드 아홉 장을 가져다주었다. 이 레코드들을 들은 뒤 나는 말했다.

"아녜요. 이것들은 내가 들은 것과는 전혀 달라요."

이 아홉 가지 음반은 전혀 제대로 된 것이 아니었다. 그래서 그는 더 많은 레코드를 구해 왔다. 마침내 난 앙드레 프레빈Andre Previn이 지휘한 음악을 듣고는 "바로 이거야"이라고 말해 주었다. 물론 프레빈의 녹음도 다른 버전과 똑같은 악보를 이용했다. 그러나 그의 음악은 분명히 달랐다.

 음악은 이미지와 결합해서 이미지를 강화해 주어야 한다. 그냥 음악을 영화에 적당히 끼워 넣고서 잘될 것이라고 믿어서는 안 된다. 그 음악이 당신이 가장 좋아하는 곡이라도 마찬가지다. 당신이 사용하고자 하는 음악은 해당 장면과 아무런 관련이 없을지도 모른다. 그러나 음악이 이미지와 결합할 때 당신은 관련 여부를 느낌으로 알 수 있다. 뭔가 비약이 일어나는 것이다. 즉, 다음 말을 실감할 수 있는 일이 일어난다.

 "전체는 부분의 총합보다 크다."

## 직관

알려진 모든 것을 앎으로써 그것을 알 수 있다.
- 우파니샤드

　삶은 추상적인 것들로 가득 차 있다. 우리는 오직 직관에 의지해 어느 것이 앞이고 어느 것이 뒤인지를 가려낼 수 있다. 직관은 해결책을 보는 것이고, 그 해결책을 보고 아는 것이다. 또 직관은 정서와 지성이 함께하는 것이다. 이러한 직관은 모든 영화작가에게 필수적이다.
　당신은 무엇이 옳다는 것을 어떻게 아는가? 모든 영화작가는 같은 도구, 즉 같은 카메라, 필름이나 비디오테이프, 이 세상과 배우들을 이용한다. 똑같은 요소들을 쓰지만 만드는 영화는 제각기 다르다. 이런 차이는 직관 때문에 생겨난다.

.

　개인적으로 나는 직관은 명상을 통해, 자신 속으로 잠수해 들어감으로써 예리해지고 확장될 수 있다고 믿는다. 우리 각자의 내부에는 의식의 바다가 있는데, 그곳은 해결책의 바다이기도 하다. 당신이 그 바다, 즉 의식 속으로 잠수해 들어갈 때 직관은 더 생생해진다.
　특정한 해결책을 찾으려고 의식 속으로 잠수해 들어가는 것은 아니다. 우리는 의식의 바다를 더 생생하게 하려고 잠수하는 것이다. 그러면 직관이 길러지고 문제를 어떻게 해결해야 할지를 발견할 수 있다. 또 어떻게 할 때 잘못한 것인지를 알 수 있고, 제대로 됐다는 느낌이 들도록 하는 방법 역시 알 수 있다. 이런 직관 능력이 자라면서 일은 훨씬 순탄하게 풀려 간다.

## 통일장

> 속박되지 않은 의식의 바다는 빛이 되었고, 물이 되었고,
> 물질이 되었다. 이 세 가지로부터 만물이 생겨났다. 이런 식으로
> 속박되지 않은 의식의 바다가 그 자체 내부에서
> 끝없이 펼쳐짐으로써 우주 전체를 창조했다. - 우파니샤드

요기 마하리시 마헤시Maharishi Mahesh가 말하는 '순수한 의식의 바다'를 현대과학에서는 통일장이라고 한다.

1959년 마하리시가 미국에 처음으로 방문했을 때는 양자 물리학에서 말하는 통일장은 아직 발견되기 전이었다. 그 당시 사람들은 말하곤 했다.

"통일장이란 건 잠꼬대일 뿐이야. 과학자들은 모든 사물의 기초에 존재하는 어떤 장을 찾고 있지만, 그런 건 존재하지 않아. 만약 그게 존재한다

해도 누구도 알 수 없어."

그러나 약 30년 전 양자 물리학은 통일장을 발견했다. 과학자들은 물질 속으로 깊이깊이 더 깊이 파고듦으로써 통일장을 발견했다. 파고들다 보니 어느 순간 거기에 통일장이 있었던 것이다. 존 헤이글린 박사 같은 과학자들은 이 세상의 모든 사물이 통일장에서부터 나온다는 사실을 인정하게 되었다.

이처럼 현대과학과 고대과학은 함께 간다.

경전 《베다 Veda》의 과학 – 의식의 과학 – 은 자연법칙과 우주의 구성, 그리고 우주가 펼쳐지는 방식을 연구한다. 베다의 과학에서 순수한 의식의 바다는 아트마 Atma, 즉 자아 The Self라고 불린다.

"너 자신을 알라."

어떻게 자신을 알 수 있을까? 거울을 들여다본다고 자신을 알 수 있는 것이 아니다. 앉아서 자신과 대화를 함으로써 알 수 있는 것도 아니다. 그것은 자신의 내부에, 내부에, 내부에 있다.

초월명상은 누구나 쉽게 자신의 내부로 잠수해서 마음과 지성의 섬세한

결을 경험할 수 있게 해준다. 그리고 자신이라는 순수한 의식의 바다, 즉 통일장으로 들어가게 해주는 단순하고 쉽고 힘들지 않은 기술이다.

    이 통일장을 지적으로 이해하는 것이 아니라 경험해야만 모든 것이 가능하다. 내부로 잠수해서 이 순수한 의식의 장을 경험해야만 당신은 자신을 생기 있게 이끌거나 펼칠 수 있으며 자라날 수도 있다. 이처럼 의식이 성장하게 되면 마침내 깨달음을 얻을 수 있다. 그것은 모든 이들에게 열려 있는 잠재력의 최대치다.

## 제4의 상태

많은 사람이 스스로 미처 깨닫지 못한 상태에서 이미 초월을 경험해 왔다. 초월은 당신이 잠에 빠져들기 직전 경험하는 상태와 같은 것이다. 당신은 깨어 있지만 어디론가 떨어지는 듯한 느낌을 경험한다. 때로는 흰 불빛을 볼 수도 있고, 갑작스럽게 행복감에 휩싸일지도 모른다. 그 순간 당신은 다음과 같이 말할 수도 있다.

"와, 이럴 수가!"

의식의 한 상태에서 다른 상태로, 예컨대 깨어 있는 상태에서 잠든 상태로 옮아갈 때 우리는 간격을 지나게 된다. 그 간격에서 당신은 초월을 경험할 수 있다.

나는 그런 경험을 노랑, 빨강, 파랑의 커튼이 흰색 벽을 가리고 있는, 둥근 흰색 방으로 형상화한다. 세 가지 커튼은 의식의 세 가지 상태인 깨어 있음, 수면, 꿈 등을 의미한다. 각각의 커튼 사이의 간격에서 당신은 절대자의 흰색 - 순수하고 황홀한 의식 - 을 볼 수 있다. 흰색의 작은 틈에서 당신은 초월을 할 수 있다. 그러고 나서 의식의 다음 상태에 이르게 된다. 커튼이 벽을 대부분 가리고 있다 해도, 실제로 그 흰색 방은 언제나 당신을 둘러싸고 있다. 흰색은 여기저기 어디에나 있다. 그래서 사람들은 때때로 그것이 무엇인지, 어떻게 그럴 수 있는지를 알지 못한 채 초월을 경험한다.

　초월명상을 하면 의식이 깨어 있는 상태에서도 자리에 앉아 명상에 들어감으로써 언제라도 그 흰색 벽을 경험할 수 있다. 이것이 명상의 묘미다.

## 창조 에너지

> 의식이 가장 단순한 형태로 머무는 상태인 아트마만이
> 보고 듣고 관조하고 깨달을 가치가 있다. - 우파니샤드

어떤 명상법은 단지 관조나 집중만을 행한다. 초월할 수가 없다. 의식의 제4의 상태에 이를 수가 없어 그때 느끼는 황홀감을 느끼지 못한다. 그러면 당신은 표면에만 머무르게 된다.

당신은 긴장 풀기 테크닉으로 내면으로 조금은 들어갈 수 있다. 그것은 멋진 일로 마치 마사지를 받는 것과 같다. 그러나 초월은 일어나지 않는다.

초월은 그 자체로 독특한 것이다. 당신이 내부로 잠수해 들어가면 자신이 그곳에 있고 행복이 그곳에 있다. 그곳에 순수하고 거대하며 묶이지 않은, 의식의 바다가 있다. 그것은 희열이다. 내부로부터 자라나는 육체적·감

정적·정신적 행복이다. 그리고 당신을 괴롭혔던 모든 것이 점점 줄어든다.

영화업계에서 일하면 엄청난 압력을 느끼게 된다. 불안과 공포를 느낄 여지가 매우 크다. 그런데 초월은 삶을 마치 환상적인 게임처럼 느끼게 해준다. 그리고 창의력이 실제로 흐를 수 있게 해주며 창의력의 바다도 느끼게 해준다. 창의력이란, 사물로 존재하는 모든 것을 창조하는 에너지다. 그 에너지가 바로 우리다.

왜 초월이 그토록 쉬울까? 초월이 마음의 속성이기 때문이고, 마음이 더 큰 행복의 장으로 나아가기를 원하기 때문이다. 마음은 자연적으로 나아가기를 원한다. 더 깊은 마음으로 들어갈수록 100퍼센트의 순순한 희열을 느낄 가능성은 더 커진다. 초월명상은 당신을 그곳으로 데려가는 수단이다. 중요한 점은 당신이 순수하고 황홀한 의식의 바다를 경험하는 것이다.

## 현대과학과 고대과학

과학은 실제로 초월이 일어나며 그 장점이 실재한다는 것을 점점 더 명확히 밝히고 있다. 뇌 연구 분야에서 EEG Electroencephalogram 패턴을 측정함으로써 과학자들은 초월을 경험하는 사람이 있다는 사실을 입증했다. 또 초월을 경험한 사람이 의식의 제4의 상태를 경험하고 있음을 입증하기도 했다. 나는 신경학자 프레드 트래비스Fred Travis 박사와 여행하면서 현장실험을 통해 이 사실을 확인했다.

음악을 만들 때 사람들은 뇌의 특정 부위를 사용한다. 그리고 말할 때나 노래를 부를 때 역시 제각각 또 다른 특정 부위를 사용한다. 그런데 당신이 뇌 전체를 사용하고자 한다면 초월을 해야 한다. 그렇게 해야 당신이 수학 문제를 풀거나 노래를 부를 때보다 조금 더 많은 초월 의식을 지니게 된다.

초월은 총체적인 경험이다. 뇌의 모든 부위가 작동하는 것이다. 당신이 통일장을 경험하면 할수록, 그 의식이 자라면 자랄수록 초월은 점점 더 영속적인 상태가 된다. 하루아침에 그런 일이 이루어지지는 않지만, 시일이 지날수록 점점 더 자주 일어날 수는 있다. 경전 《베다》의 과학은 통일장이 존재하며 경험할 수도 있다고 가르쳐 왔다. 이제 현대과학도 한 걸음 진보할 때마다 통일장의 존재가 사실임을 확증하고 있다.

## 생활 속 명상

명상은 어디서나 할 수 있다. 공항이든 사무실이든 장소에 구애받지 않고 할 수 있다.

나는 보통 아침 식사 전과 저녁 식사 전에 명상한다. 그러나 영화 촬영을 하고 있을 때에는 일을 시작하기 전과 점심때에 명상한다. 명상을 충분히 하지 못했을 때에는 촬영을 끝내고 명상하기도 한다.

혼자서 명상하는 경우도 종종 있다. 놀랍게도 주변 사람들은 명상을 좋게 보는 것 같다. 내가 조용한 방을 찾으면 사람들은 말하곤 한다.

"그러죠. 다른 이들의 방해를 받지 않을, 멋지고 조용한 방을 찾아볼게요."

난 그 방으로 들어가 명상에 잠긴다.

우리는 여러 일에 매우 많은 시간을 낭비한다. 일단 이제부터 명상을 시작해 일과의 하나로 삼아 보라. 그러면 명상은 아주 자연스런 일이 된다.

## 정체성

명상을 할 때 좋은 점은 당신이 점점 더 본연의 당신이 된다는 것이다.

## 최종 편집권

나는 프랑스인을 좋아한다. 그들은 이 세상에서 가장 열렬한 영화 팬이자 영화의 보호자다. 프랑스인들은 진정으로 영화작가들과 그들의 권리에 관심을 보이며 감독의 최종 편집권을 옹호한다. 내가 프랑스 회사들의 지원 하에 일할 수 있었던 것은 큰 행운이었다.

그러나 항상 그런 행운을 누렸던 것은 아니다. 내가 〈듄 Dune〉를 만들 때 난 최종 편집권을 갖고 있지 않았다. 그것은 정말로 서글픈 일이었다. 왜냐하면, 내 영혼을 팔아 버린 듯한 느낌이었고, 더군다나 그 영화는 흥행에서 참패했다. 자신이 믿는 바대로 했는데 실패를 했을 경우는 그 결과를 받아들일 수 있다. 그러나 자신이 하고 싶은 대로 하지도 못한 채 실패를 했을 경우는 두 번 죽는 것과 같다. 그때는 고통스럽기 그지없다.

영화작가가 자신이 원하는 대로 영화를 만들 수 없다는 것은 도무지 있을 수 없는 일이다. 그러나 영화업계에서 이런 일은 아주 흔하다.

난 화가로 출발했다. 화가는 이런 걱정을 할 필요가 없다. 화가는 그림을 그릴 뿐이다. 누군가 끼어들어서 다음과 같이 말하는 경우는 없다.

"이걸 파란색으로 바꾸시오."

영화작가 이외의 다른 사람이 간섭해서 만들어진 영화가 어떤 의미가 있을 것이라고 여긴다면, 그건 웃기는 일이다. 당신에게 영화를 만들 권리를 부여했다면, 그들은 당신이 옳다고 생각하는 방식으로 영화를 만들 권리를 준 것이다. 영화작가는 분초를 다투면서 모든 요소, 모든 대사, 모든 사운드 하나하나에 대해 결정을 내려야 한다. 그렇지 않으면 영화가 조화로운 전체로 만들어질 수 없다. 영화가 별 볼일 없게 만들어졌다고 해도, 적어도 당신 스스로 그렇게 만든 것이어야 한다.

이런 점에서 〈듄〉는 내게 참담한 실패였다. 최종 편집권을 갖지 않기로 합의할 때부터 내가 잘못하고 있음을 알았다. 그런데도 내심 잘되기를 바랐지만 결국 잘되지 못했다. 최종 결과물은 내가 원했던 것이 아니었다. 그것이 너무 슬펐다.

그렇다고 세상이 끝난 것은 아니다. 명상을 해서 희열이 내부에서 올라

오기 시작하면, 그 고통은 줄어든다. 최종 편집권을 가지지 못한 고통도 견뎌 내며 살아갈 수 있게 된다. 하지만, 영화 〈듄〉는 여러 사람의 앞길을 망쳐 버렸다. 결국, 여러 사람이 영화제작에서 손을 떼게 됐다.

## 치료

나는 정신과 의사를 한 번 찾아간 적이 있다. 내 삶에서 이제 일정한 양식이 되어 버린 명상을 하다가 생각했다.

'아, 이제 정신과 의사를 찾아가 얘길 해봐야 하나.'

진료실에 들어갔을 때, 나는 정신과 의사에게 물었다.

"이 과정이 어떤 식으로든 내 창의력을 손상시키지 않을까요?"
"데이빗, 솔직히 말하면 그럴 수도 있습니다."

의사는 그렇게 대답했다. 그래서 나는 악수를 하고 되돌아 나왔다.

# 꿈

나는 꿈의 논리를 좋아한다. 나는 꿈이 진행되는 방식을 그냥 좋아한다. 그러나 꿈에서 아이디어를 얻는 경우는 거의 없다. 오히려 음악을 듣거나 산책을 하면서 더 많은 아이디어를 얻는다.

〈블루 벨벳〉의 작업을 진행할 때, 난 시나리오를 진전시키지 못해 쩔쩔매고 있었다. 나는 네 가지 다른 초고를 썼다. 그러나 영화의 결말 부분이 풀리지 않았다.

어느 날 난 누군가를 방문하기로 돼 있어 한 사무실에서 기다리고 있었다. 난 비서에게 종이를 한 장만 달라고 부탁했다. 갑자기 지난밤 꿈이 떠올랐기 때문이다. 그 꿈에 답이 있었다. 고민하던 문제를 풀어 주는 세 가지 작은 단서를 나는 꿈속에서 찾았다. 그것이 내가 꿈에서 아이디어를 얻은 유일한 경우였다.

## 안젤로 바달라멘티

나는 〈블루 벨벳〉을 만들면서 안젤로 바달라멘티Angelo Badalamenti를 만났는데, 이후 그는 내 영화의 모든 음악을 작곡해 주었다. 그는 내 친형제나 마찬가지다.

우리가 일하는 방식은 이렇다. 우리는 피아노 의자에 함께 앉는다. 내가 말하면 그가 피아노를 친다. 그는 내 말을 연주하는 것이다. 가끔 내 말을 이해하지 못할 때면 그는 연주를 형편없이 한다. 그러면 난 말한다.

"아냐. 이게 아냐, 안젤로."

이렇게 말하고 나서 내가 표현을 달리해 말하면 그는 다르게 연주한다. 난 또 다음과 같이 말한다.

"아냐. 이게 아냐, 안젤로."

그리고 또다시 이전과 다른 말로 표현한다.
이런 과정을 거쳐 그가 내 말뜻을 알아채면 난 맞장구친다.

"맞아, 그거야."

그러면 그는 마술을 부리기 시작해 제대로 된 길을 찾아간다. 이 작업은 아주 재미있다. 안젤로가 내 옆집에 산다면 아마 매일 이 일을 하고 싶어 할 것이다. 그러나 그는 뉴저지에 살고, 나는 로스앤젤레스에 산다.

## 음악 2

때때로 내가 들은 음악을 영화의 특정 장면에 쓰게 된다. 나는 촬영할 때 배우들의 대사를 들으면서 헤드폰으로 음악을 듣는 경우가 흔하다. 음악을 들으면 영화가 제대로 진행되고 있는지 확인할 수 있다.

예를 들면 페이스가 올바른지, 조명이 제대로 이루어졌는지를 파악할 수 있다. 음악은 본래의 아이디어를 제대로 좇도록, 그 아이디어에 충실하도록 해주는 도구의 하나다. 그러므로 촬영 장면이 제대로 되어 가는지를 확인하기 위해 들어 볼 수 있는 음악이 있으면 영화 제작에 도움이 된다.

음악은 영화의 느낌을 만들어내는 데 매우 중요한 요소다. 어떤 방의 느낌이나 야외의 느낌, 대사의 느낌을 제대로 살리는 일은 악기를 연주하는 것과 같다. 원하는 바대로 그 느낌을 포착하려면 많은 실험을 해야 한다. 그 일은 보통 영화를 편집한 이후에 하게 된다. 그러나 나는 항상 내가 '장작'

이라고 부르는 것을 모으고자 노력한다. 그런 것을 모아서 제대로 맞아떨어지는지 확인한다. 음악을 한 가지만 삽입해 보면 곧바로 알 수있다.

'오, 이건 아닌걸.'

## 캐스팅

　배우가 얼마나 멋진가는 전혀 중요한 문제가 아니다. 배우를 캐스팅할 때는 그 배역에 맞아떨어지는, 그 배역을 잘할 수 있는 사람을 골라야 한다.
　나는 배우에게 사전 준비 없이 대본 연기를 시킨 적이 없다. 그것은 배우들을 고문하는 것처럼 느껴질 뿐, 내게 아무것도 알려 주지 않는다. 대신 배우들과 리허설을 해보면 좋다. 모든 배우와 리허설을 해보는 것은 아주 시간이 많이 드는 일이다. 그래서 나는 배우들과 이런저런 얘기를 나누면서 그들을 지켜보기를 즐긴다. 배우들이 말을 할 때 나는 머릿속으로 그들이 대본을 끝까지 소화할 수 있는지를 그려 보기 시작한다. 어떤 배우들은 일부를 소화하고는 더 나아가지 못한다. 그들 중 어느 누군가는 끝까지 나아가는 사람이 있게 마련인데, 나는 바로 그 사람을 택한다.
　〈블루 벨벳〉에서 나는 캐스팅 감독 조해나 레이Johanna Ray와 일했다. 우리는 영화배우 데니스 호퍼Dennis Hopper를 불렀다. 그러나 모든 이들이 다음과 같이 말했다.

"아냐, 아냐. 데니스와 함께 일할 수는 없어. 몸도 엉망이고 말썽만 일으킬 거야."

그래서 다른 배우를 계속 물색해야 했다. 어느 날 데니스의 에이전트가 전화를 걸어 데니스가 몸도 제대로 가꾸었고 정신도 말짱하다고 말하며 이미 다른 영화 한 편을 찍었다고 전해 왔다. 나는 이 말을 확인하려고 그 영화감독을 만나 얘기를 나누고 있었다. 그때 데니스가 전화를 걸어 와서 말했다.

"프랭크 역은 내가 해야 해요. 내가 바로 프랭크니까."

그 말에 나는 전율을 느꼈고 무섭기까지 했다.
때때로 처음부터 어떤 배우를 염두에 두고 영화를 시작할 때가 있다. 〈멀홀랜드 드라이브 Mulholland Drive〉의 한 배역이 그런 경우다. 저녁 7시 30분경 나는 조감독에게 뭔가를 받아 적게 하고 있었다. 나는 아름다운 여자 조감독에게 우스운 방식으로 얘기하기 시작했다. 〈멀홀랜드 드라이브〉의 카우보이 캐릭터처럼 말하기 시작했던 것이다. 그 인물은 그런 식으로 내게 다가왔다. 한참 동안 그렇게 계속 말하고 나서 나는 내 친구 몬티 몽고메리 Monty Montgomery가 카우보이 배역에 딱 맞는 인물임을 깨달았다. 그는 전문 배우가 아니었지만 제대로 연기를 할 줄 아는, 위대한 배우라고 할 수 있다. 그가 바로 카우보이 배역에 제격이었다.

내가 계속 함께 일하는 배우도 몇 명 있다. 카일 맥라클란 Kyle MacLachlan이 그런 예다. 나는 카일을 좋아한다. 그는 어쩌면 내 분신이기도 하다. 그러나 캐스팅의 최고 원칙은 말할 것도 없이 배역에게 맞는 사람을 쓴다는 것이다. 그래야, 다른 사람에게도 여지가 있다. 카일이 내 친구이지만 불행히도 배역에 적절한 인물이 아니라면, 그 역을 얻지 못한다.

또 진짜 흥미로운 일은, 당신이 어떤 사람과 일할 때 그 사람에게 특정한 역할을 맡기려고 고른다는 사실이다. 그런데 점심을 먹거나 다른 일을 하면서 그 사람의 또 다른 면을 볼 때가 있다. 그것을 꼭 기억해야 한다. 그래서 다른 역할이 생겼을 때, 누군가 "카일은 그 역할을 할 수 없을 거야"라고 해도, 그의 다른 측면을 기억하고 있어야만 "아니야. 그는 할 수 있어"라고 반박할 수 있다.

## 리허설

리허설을 할 때, 어느 부분부터 시작할지는 중요하지 않다. 다만, 배우들을 불러 모아 그들의 성격이 잘 드러나는 한 장면을 고를 필요가 있다. 그 장면이 어떤 장면이든 상관없다.

그리고 리허설을 하면 감독이 얘기를 하게 된다. 말하는 것이 별로 중요하지 않은 것처럼 보이는 경우가 흔하다. 그러나 나와 이야기 상대방에게 그 과정은 중요하다. 그것이 중요하다는 것은 직감으로 느낄 수 있다. 다음 번 리허설을 할 때 보면 함께 얘기를 나누고 나서 서로 가까워졌음을 느낄 수 있다. 그리고 다음에는 더 가까워질 수 있다.

특히 처음 리허설 때는 정말이지 많은 얘기를 하게 된다. 여러 가지 말을 나누는데, 때로는 이상하거나 쓸데없는 얘기도 한다. 그러면서 배우들과 조금씩 코드를 맞춰 간다. 예를 들면, 내가 "바람이 세다"라고 말하는 것은

'비참하다'는 의미로, 상대방에게 이상한 표현으로 다가갈 수 있다. 그렇지만, 손동작을 보거나 특정한 표현을 접하게 되면서, 상대방은 조금씩 조금씩 "아, 알겠어요"라고 말하게 된다. 리허설 초반 어떤 시점에서 배우들은 내 말을 알아듣게 된다. 그 후론 일이 순조롭게 진행된다. 배우들은 자신들의 재능을 한껏 발휘하게 된다.

이것은 당신이 누구와 일을 하든 마찬가지다. 흔히 '리허설'이라고 하면 배우들만 하는 것으로 알고 있다. 하지만, 모든 부문의 사람들이 함께하는 리허설도 있다. 모든 제작진이 함께 같은 길을 가고 있는지, 본래 아이디어대로 가고 있는지를 확인하는 자리다.

소품 담당을 예로 들어 보자. 소품 담당이 가져온 소품들이 당신이 원하는 것이 아닐 수 있다. 그때 당신은 몇 가지 말을 하게 되고, 그러면 다음번에는 원하는 바에 좀 더 근접한 소품을 가져온다. 몇 마디를 더 듣고 난 뒤 소품 담당은 요구하는 바에 적합한 소품을 가져온 것이다. 이처럼 일하는 과정은 얘기를 나누고 작용과 반작용을 하는 과정이다.

여타 부문의 일도 모두 마찬가지다. 영화 전체가 조화를 이루려면 모든 요소가 어우러져야 한다. 항상 같은 과정을 거친다. 서로 얼마나 다른 생각을 하고 있든지 간에 처음에는 리허설을 하게 된다. 일단 시작하는 것이다. 그러면서 아마도 혼자 마음속으로 다음과 같이 말하게 되는 일도 있을 수 있다.

"이럴 수가. 우리는 생각이 너무나 다르군."

그러면서도 얘기를 나누고 리허설을 하게 된다. 그러다 보면 서로 점점 더 가까워진다. 추상적으로 들릴지 모르겠지만 실제로 서로들 더 가까워진다. 어떤 사람이라도 감을 제대로 잡지 못한 채 "알 것 같아"라고 말할 때가 있다. 그러면 다시 한 번 리허설을 하면 된다. 때로는 문제를 촬영이 시작될 때까지 그대로 내버려 둘 때도 있다.

항상 원래 아이디어, 그 분위기, 그 인물을 되돌아볼 필요가 있다. 얘기를 나누고 리허설을 반복하면 곧 문제는 풀린다. 일단 모든 제작진이 초안의 감을 잡으면 이제는 일이 굴러가기 시작한다. 애초 아이디어대로 일이 진행되기 시작하는 것이다. 이런 식으로 영화 일이 진행된다.

## 두려움

　감독 중에는 배우들에게 소리 지르는 이도 있고, 계략을 써서 원하는 연기를 얻어내려는 이도 있다. 또 일하는 내내 두려워하면서 일을 처리하는 사람들도 있다. 이런 태도는 웃기는 일이다. 애처로운 일이며 동시에 어리석은 일이다.
　두려움을 느낄 때 사람들은 일하고 싶어 하지 않는다. 요즘 많은 사람이 그런 심정을 갖고 있다. 그런데 두려움은 증오로 변하고, 증오는 곧 화로 바뀌어서 사람들은 상사에게, 자신의 일에 화를 내게 된다.
　만약 내가 두려워하면서 촬영장을 지휘했다면 나는 얻고자 하는 바의 100퍼센트는커녕 1퍼센트밖에 얻지 못했을 것이다. 그리고 일 자체가 전혀 즐겁지 않았을 것이다. 일이란 재미있어야 한다. 일을 할 때도 일상생활에서도 우리는 즐거울 것을 기대한다. 마치 강아지가 꼬리를 치듯 우리는 모든 것이 재미있으리라 기대한다. 삶이 대단하고 매혹적이리라 기대하는 것이다.

회사가 두려움을 불러일으키는 대신 각자에게 내부로 잠수할 - 에너지와 총명함을 확장할 - 기회를 제공한다면, 사람들은 근무 시간 이후에라도 대가 없이 일할 것이다. 그리고 훨씬 더 창의성을 발휘할 것이다. 그러면 회사는 저절로 비약하게 된다. 이런 일은 불가능한 것이 아니다. 현재 그렇지 못하다 하더라도 어렵지 않게 그렇게 할 수 있다.

## 지금 모두 함께

우리는 일을 즐겁게 하는 사람들과 함께하기를 바란다. 당신은 많은 사람과 더불어서 일에 집중할 수 있는 능력이 있어야 한다. 그리고 한 번에 한 가지 일에만 집중할 수 있어야지, 수만 가지 일에 신경을 분산해서는 안 된다. 이러한 능력은 명상을 통해 내부로 잠수하게 될 때 커진다. 다음과 같은 말이 있다.

"주의를 기울이는 곳에 활기가 넘친다."

당신이 한 가지 사물에 집중하면 그것은 마치 움직이고 진동하기 시작하는 듯하다. 그리고 다음과 같이 말하면 일이 점점 더 제대로 굴러가고 사람들이 더 행복해진다는 것을 알 수 있을 것이다.

"이것이 오늘 우리가 할 일이고, 여기가 우리의 현 위치입니다. 우리가 성취할 바는 이것입니다."

# 트윈 픽스

주의를 기울이고 있으면 아이디어는 기묘한 방식으로 찾아오게 마련이다. 때로는 꿈꾸는 일이 촬영장에서 생긴다.

〈트윈 픽스 Twin Peaks〉의 파일럿 프로그램을 촬영하고 있을 때 의상 담당자는 프랭크 실바 Frank Silva라는 사람이었다. 프랭크는 〈트윈 픽스〉 제작에 낄 이유가 전혀 없는 사람이었다. 우리가 로라 파머 Laura Palmer의 집에서 촬영하고 있을 때, 프랭크는 그 집에서 가구를 옮기고 있었고, 나는 거실의 선풍기 밑에 있었다. 그때 한 여자의 목소리가 들렸다.

"프랭크, 문 앞 화장대를 그렇게 옮기면 안 돼요. 방에 갇히게 되잖아요."

방 안의 모습이 내 눈에 띄었다. 나는 그에게 다가가서 물었다.

"당신 배웁니까?"
"아, 예. 그렇다고 할 수 있죠."

로스앤젤레스에 사는 모든 사람들이 배우니까. 그리고 아마 전 세계 모든 사람들이 배우라고 할 수도 있을 테니까. 그래서 나는 그에게 부탁했다.

"프랭크, 이 장면에 나와 주시오."

우리는 프랭크 없이 두 차례 방을 팬pan으로 찍었고, 한 차례는 프랭크를 침대 기판에 두고 촬영했다. 그렇지만, 나도 이 장면을 어디에 쓸지, 무슨 의미인지 알지 못했다. 그날 저녁 우리는 아래층에서 로라 파머의 어머니가 소파에 누워 있는 장면을 촬영하고 있었다.

그녀는 슬픔과 번민에 잠겨 소파에 누워 있다. 그녀는 갑자기 뭔가를 떠올리고는 벌떡 일어나 소리를 지른다. 그녀가 벌떡 일어날 때 카메라 기사인 숀이 회전반을 돌려 그녀의 얼굴을 따라잡게 돼 있었다. 촬영은 완벽하게 이뤄진 것 같았다. 그래서 내가 말했다.

"컷! 완벽해. 수고했어요."

그런데 숀이 다음과 같이 말하는 것이 아닌가.

"아녜요. 이건 아닙니다."
"무슨 말이오?"
"거울에 누군가가 보였어요."
"누가 보였다는 거요?"
"프랭크가 거울에 보였어요."

이 같은 일이 생기면 우리는 꿈꾸기 시작한다. 한 가지 일이 다른 일로 이어진다. 그리고 그러도록 내버려 두면 전혀 다른 가능성이 열리게 된다.

## 연속극

 나는 현실을 떠나 다른 세계로 들어가는 것과 미스터리를 좋아한다. 그래서 미래의 일을 미리 아는 것은 별로 좋아하지 않는다. 나는 발견의 느낌을 소중하게 생각한다. 이것이 연속극의 좋은 점 가운데 하나다. 이야기가 진전될수록 깊이 더 깊이 들어갈 수 있다. 느낌이 들게 되거나 느낌을 받게 된다. 그러면 다른 것들이 떠오른다.
 텔레비전 연속극의 인기는 주기를 탄다. 텔레비전 방송사들은 주기적으로 시청률 조사를 한다. 조사 결과는 다양하게 마련인데, 한번은 시청자들이 매번 연속극을 챙겨 보는 것이 아니라는 결과가 나왔다. 주간 드라마를 보통 한 달에 두 번 정도 보는데, 그러다 보면 연속극 내용을 제대로 파악하지 못해 드라마 시청을 중단하는 사람이 많다는 것이었다. 당연히 시청자가 떨어져 나가는 것을 원치 않는 방송사들은 연속극을 홀대하게 되고, 단번에 끝나는 프로그램을 선호하게 되었다.

　난 아직도 ABC-TV가 어떻게 〈트윈 픽스〉를 파일럿 프로그램으로 제작하도록 허락했는지 알지 못한다. 그러나 어떤 프로그램이 시범적으로 제작된다고 해서 반드시 그것이 연속극으로 제작된다는 것을 의미하지는 않는다. 〈트윈 픽스〉의 시작은 그 정도 선에서였다. 그리고 방송사 측도 어찌 될지 알지 못했다.

　방송사는 필라델피아 지역에선가 〈트윈 픽스〉를 방영하고 나서 반응을 체크했다. 프로그램은 상당히 좋은 반응을 얻었지만 놀랄 만할 정도는 아니었다. 지역 시험 방영 이후 공중파로 방영되기까지 무슨 일이 있었는지 난 알지 못한다. 어쨌거나 첫 방송에서 엄청난 시청률을 보였다. 그것은 대단한 행운이었다.

# 빨간방

어느 여름날 나는 로스앤젤레스에 위치한 통합영화산업(CFI:Consolidated film Industries) 작업실에 있었다. 우리는 〈트윈 픽스〉 파일럿 프로그램의 편집 작업을 하고 있었다. 저녁 6시 30분쯤 그날치 일을 마치고 우리는 밖으로 나왔다. 주차장에는 차들이 늘어서 있었다. 나는 한 승용차의 지붕에 손을 얹고 기대서 있었는데, 차의 지붕이 매우 따뜻했다. 뜨거운 것이 아니라 아주 기분 좋게 따뜻했다. 그렇게 기대는 동안 '팍'하고 빨간방-〈트윈 픽스〉에 나오는 빨간색으로 치장된 기묘한 느낌의 방-의 아이디어가 떠올랐다. 그전의 일과 대사의 일부도 떠올랐다.

이렇게 아이디어와 몇몇 조각을 얻었고, 이것들이 아주 마음에 들었다. 이것이 바로 일이 시작되는 방식이다. 이 아이디어를 실현하자면 빨간방을 지어야 한다. 이 시점에서 당신은 생각할 것이다.

"잠깐, 벽은 빨갛지만 딱딱해선 안 돼."

그러고서 좀 더 생각한다.

"커튼도 있어야겠지. 커튼은 불투명하면 안 되고 반투명인 게 좋겠어."

그래서 커튼을 설치한다.

"그러면 바닥에도 뭔가 필요할 것 같은데."

그러면 다시 처음의 아이디어로 되돌아가 보면, 바닥에도 뭔가가 있었음을 깨닫게 된다. 모든 것이 최초의 아이디어에 다 들어 있다. 그래서 바닥도 그렇게 한다. 그러면서 아이디어를 더 많이 기억하게 된다. 뭔가를 시도하려다 실수를 할 수도 있지만, 다시 배열하고 다른 것을 추가하면 애초 아이디어대로 됐음을 알 수 있다.

## 아이디어 2

의식에 나타나는 것에 형체를 부여하는 형식은
의식 내에 있어야 한다. - 우파니샤드


　모든 것이 아이디어다. 당신이 아이디어에 충실하다면 아이디어로부터 당신이 알아야 하는 모든 것을 알 수 있다. 아이디어가 보였던 것처럼 보이게, 아이디어가 느껴졌던 것처럼 느껴지게, 아이디어가 들렸던 것처럼 들리게 계속 하기만 하면 된다.
　아이디어는 기묘하다. 왜냐하면, 당신이 뭔가 잘못하고 있을 때면 그것을 알게 해주기 때문이다. 뭔가를 제대로 하지 못하고 있을 때, 당신은 뭔가 잘못되고 있다는 것을 다음과 같은 느낌으로 알 수 있다.

"아냐, 아냐. 애초 아이디어와는 달라."

또 제대로 하고 있을 때는 제대로 되고 있다는 느낌이 든다. 이것이 직관이다. 느낌으로, 생각으로 길을 찾아나가는 것이다. 한곳에서 출발하지만 진행할수록 점점 더 아귀가 들어맞는다. 아이디어가 모든 것을 일러 주는 것이다. 어떤 지점에서 맞다는 느낌이 온다. 그러면 다른 사람들도 맞다고 느끼기를 바라게 된다.

때때로 내 아이디어에 따라 지어진 세트에 도착했을 때, 불현듯 내 아이디어가 옳았다는 것이 느껴지는 순간이 있다. 그 느낌은 기가 막히다. 그러나 많은 경우 당신이 직접 세트를 짓는 것은 아니다. 아이디어에 근거해서 거기에 맞는 로케이션 촬영 장소를 찾아내야 한다. 로케이션 장소도 아이디어에 근접하도록 여러 방법으로 수정할 수 있다. 소품이나 조명도 바꿀 수 있다. 이때 조명이 큰 역할을 한다. 아이디어에 비춰 봐서 적합하다고 느낄 때까지 계속 바꾸게 된다. 온갖 요소를 주의 깊게 살펴보라! 종국에는 모든 것이 애초의 아이디어와 얼마나 가까운지를 깨닫고 놀랄 것이다.

이 과정에서 새로운 아이디어가 떠오르기도 한다. 영화는 최종 완성판이 나올 때까지 끝난 것이 아니므로 항상 주의를 게을리해서는 안 된다. 때로는 아주 다행스러운 일들이 생긴다. 그리고 때로는 우연히 전체를 하나로 꿰어 주는 퍼즐의 마지막 조각을 찾을 수도 있다. 그럴 경우는 고맙기 이를 데 없다. 그래서 자문하게 된다.

'세상에, 어떻게 이런 일이 일어난 거지?'

〈블루 벨벳〉에서 딘 스톡웰Dean Stockwell이 연기한 벤이란 인물의 아파트 장면을 촬영할 때였다. 특정한 시점에 딘이 로이 오비슨Roy Orbison의 「꿈속에서 In Dreams」를 부르게 돼 있었다. 노래를 데니스 호퍼에게 불러 주는 것인데, 립싱크로 처리할 예정이었다. 대본에는 탁자 위의 작은 램프를 집어 들고 마이크처럼 이용하기로 되어 있었다.

그런데 그의 바로 앞에 작업용 램프가 있었다. 미술감독인 패트리샤 노리스 Patricia Norris는 그곳에 작업용 램프를 놓은 적이 없다고 했다. 그 램프에는 긴 선이 달렸고 전구는 관객이 볼 수 없는 위치에 있었지만 딘의 얼굴을 밝게 비춰 주었다. 딘은 그것을 잡고 연기했다. 그를 위해 그곳에 놓아둔 소품으로 생각했던 것이다. 이처럼 많은 것이 과정 중에 생겨난다.

때때로 도움이 안 되는 일이 생기기도 하지만, 그런 경우도 감내해야 한다. 상황에 적응해야 한다. 이렇게 저렇게 자연스레 시도해 보는 것이다. 그러나 본래 아이디어에 주의를 기울이고 충실하면, 놀랍게도 우연히 생긴 일들도 종국에 가서는 좋았음을 알 수 있다. 우연히 생긴 일들마저 아이디어에 들어맞는 것이다.

## 관객 시사

　관객을 염두에 두고 영화를 만들어선 안 된다고 해도, 영화를 완성하기 전 어떤 시점에 영화에 대한 반응을 점검할 필요가 있다. 때때로 객관성을 잃을 수 있으므로, 무엇이 통하고 무엇이 통하지 않는지 감을 잡아야 한다. 이런 테스트 스크리닝은 영화 보기 중 최악이다. 지상에서 지옥을 경험하는 것 같은 기분이 든다. 그러나 다시 말하지만, 최종 완성판이 나올 때까지 영화는 완성된 것이 아니다.

　당신의 영화를 전체 관객을 대표하는 한 집단에 보여 주고 나서는 어떤 장면을 삭제하거나 추가해야 할 경우가 있다. 꼭 잘못됐기 때문은 아니다. 어떤 삭제 장면은 그 자체로는 아주 멋진 장면일 경우도 많다. 그러나 영화 전체적인 면에서 효과적이지 않다면, 그런 장면은 잘라 낼 수밖에 없다. 이것은 과정 일부로 어느 정도 불가피한 일이다.

## 일반화

　어떤 영화 속에 등장하는 한 여성이 여성 전체를 대표한다거나 한 남성이 남성 전체를 대표한다고 보는 것은 위험하다. 일부 비평가는 일반화를 지나치게 좋아한다. 실은 이 특정한 이야기 속의 이러한 특정한 인물이 저런 특정한 길을 갔다고 해야 할 것이다.
　사물들은 저마다 그 나름의 세계를 갖는다. 때때로 우리가 들어가 보고 경험하고 싶어 하는 것은 그러한 세계다.

# 반영

사람들은 내게 묻는다.

"명상이 그렇게 대단하고 당신에게 엄청난 희열을 주는데, 왜 당신 영화는 어둡고 폭력이 넘쳐 나는가?"

우리가 사는 세계에는 너무나 많은 어두운 것이 존재하며, 대부분 영화는 이러한 우리 세계를 반영한다. 영화는 스토리로 이루어진다. 스토리는 항상 갈등을 갖게 마련이다. 스토리에는 고상한 것과 저급한 것, 좋은 것과 나쁜 것이 함께 있다.

내가 유별나게 좋아하는 아이디어들이 있다. 그래서 지금의 내가 있는 것이다. 나 스스로 나는 새롭게 태어났고 내 영화는 이러한 깨달음의 산물이라고 말한다면, 그것은 또 다른 얘기일 것이다. 그러나 나는 몬태나 주 미술라 출신으로 다른 사람들과 마찬가지로 내 일을 하며 이 길을 걸어왔다.

  우리는 모두 우리가 사는 세계에 대해 생각해 보게 된다. 만약 당신이 사극을 만든다 해도 그 영화는 당신의 시대를 반영하게 될 것이다. 사극들이 동일한 소재를 다룬다 해도 만든 시기에 따라 각기 다르게 마련이다. 세계가 달라지면, 말하는 방식과 주제에서 드러나는 감수성이 달라지기 때문이다.

  내가 자란 몬태나주 미술라가 기괴한 대도시가 아닐지라도, 오늘날 어디에서건 이 세계가 드러내는 기이함을 볼 수 있고 사물을 보는 나름의 방식을 가질 수도 있다.

## 고통의 지휘자

갈등과 스트레스를 이해하는 것은 예술가에게 유용한 일이다. 갈등과 스트레스는 아이디어를 준다. 그러나 스트레스가 너무 심하면 창조할 수 없어진다는 것은 말할 필요도 없다. 갈등이 지나치게 많아도 창의력을 저해할 것이다. 갈등을 이해해야 하지만 갈등의 삶을 살 필요는 없다.

영화 스토리와 우리가 체험하는 세계에는 고통과 혼돈, 어둠과 긴장, 분노가 존재하게 마련이다. 살인을 비롯한 온갖 일이 생겨난다. 그러나 영화작가가 고통을 보여 주려고 고통을 당할 필요는 없다. 고통을 보여 주고, 인간의 조건을 보여 주고, 갈등과 모순을 보여 줄 수는 있다. 하지만, 스스로 그런 체험을 할 필요는 없다. 영화작가는 고통의 지휘자이지, 고통의 체험자가 아니다. 고통당하는 일은 영화 속 인물들에게 맡겨라.

예술가가 더 많은 고통을 당할수록 창의성이 덜 하다는 것은 상식이다.

고통을 당할수록 그는 자신의 일을 덜 즐기게 되고, 정말로 좋은 작품을 만들 가능성도 줄어들게 마련이다.

어떤 이는 고통에도, 또는 그 고통 때문에 위대한 작품을 남긴 예술가로 빈센트 반 고흐를 들 것이다. 나는 반 고흐가 자신을 괴롭혔던 주변 일들로 제약받지 않았더라면, 매우 훌륭한 그림을 더 많이 그렸으리라 생각한다. 고통이 그를 위대한 예술가로 만들었다고는 믿지 않는다. 그가 자신의 그림을 보면서 나름의 행복을 느꼈을 것이라고 믿는다.

예술가 중에는 분노나 침울함과 같은 부정적인 요소들이 예술 작업에 도움을 준다고 여기는 이들이 있다. 그들은 분노나 두려움을 꽉 움켜쥐고 작품 속에 그것을 표현할 필요가 있다고 생각한다. 그런 이들은 행복이란 말 자체를 좋아하지 않는다. 오히려 구역질을 느끼곤 한다. 행복에 **빠**지면 예술가로서의 번득이는 예지나 힘을 잃게 될 것으로 생각한다.

그러나 명상을 한다고 해서 예지를 잃지는 않는다. 창의력이 사라지는 것도 아니다. 힘이 줄어들지도 않는다. 실제로 명상을 하고 초월을 하면 할수록 그러한 것들은 더 자란다. 나는 그것을 분명히 알 수 있다. 내면으로 잠수하면 삶의 모든 측면에 대한 이해가 커진다. 이해와 감상 능력이 커지고 큰 틀을 볼 수 있어서 인간조건을 좀 더 뚜렷이 볼 수 있게 된다.

당신이 예술가라면 분노에 제약당하지 않으면서 분노에 대해 알 필요가 있다. 창조를 하려면 에너지가 필요하고 명확성이 필요하다. 아이디어를 낚아챌 수 있어야 한다. 이 세상에서 느끼는 엄청난 압력과 스트레스에 맞설 수 있을 만큼 튼튼해야 한다. 그러므로 힘과 명확성, 에너지가 나오는 곳을 주의 깊게 돌볼 필요가 있다. 그곳으로 잠수해 들어가 생생하게 체험할 필요가 있다.

희열은 방탄조끼와 같다. 이상하게 들리겠지만, 내 경험에 비추어 보면 사실이다. 희열은 당신을 보호해 준다. 충분한 희열을 느끼면 당신은 패배하지 않게 된다. 부정적인 요소들이 사라지면, 더 많은 아이디어를 잡을 수 있고 더 잘 이해할 수 있게 된다. 좀 더 쉽게 열정을 느낄 수도 있다. 또 에너지가 커지고 명확성이 증대한다. 그러면 수많은 아이디어를 한 매체, 또는 다른 매체로 번역해 제대로 표현할 수도 있다.

## 자아의 빛

> 모든 것을 오직 자아로 여기는 자,
> 그리고 자신이 보는 모든 것에서 자아를 보는 자는
> 어느 것으로부터도 물러나지 않는다.
> 깨달음을 얻은 자에게 모든 존재하는 것은 자아일 뿐이다.
> 그러므로 이 하나 됨을 아는 자에게
> 어찌 고통이나 미망이 지속할 수 있겠는가. — 우파니샤드

부정성Negativity은 어둠과 같다. 그러면 어둠이란 무엇일까?

어둠을 보라. 그러면 어둠이 실제로는 아무것도 아님을 알 수 있다. 어둠이란 무언가가 없는 것이다. 등을 켜면 어둠은 사라진다.

그러나 예를 들자면 햇빛이 부정성을 몰아내는 것은 아니다. 빛은 어둠을 몰아내지만, 부정성을 없애 주지는 않는다. 그렇다면, 햇빛이 어둠을 몰

아내듯이 부정성을 없애려면 어떤 빛을 밝혀야 할까? 밝혀야 할 빛은 순순한 의식, 즉 자아의 빛이요, 통일성의 빛이다.

어둠과 싸우지 마라. 어둠에 대해 걱정하지도 마라. 빛을 밝히면 어둠은 사라진다. 순수한 의식의 빛을 밝혀라. 그러면 부정성은 사라진다.

당신은 "듣기는 좋군"이라고 할지도 모른다. 믿을 수 없을 정도로 좋은 얘기니까. 그러나 이것은 실제로 가능한 일이다.

## 깨달음

> 거울의 먼지를 닦아 내면 거울이 빛나는 것처럼,
> 자아를 보게 되면 그 사람의 마음과 몸이 빛난다.
> 마음과 몸은 항상 그리고 영원히 행복으로 가득 찬다.
> – 우파니샤드

명상이 어떻게 부정성을 제거해 주는가?

한번 당신이 엠파이어스테이트빌딩이라고 상상해 보자. 당신은 수백 개의 방을 갖고 있다. 그 방마다 온갖 쓰레기로 가득 차 있다. 그 쓰레기를 채워 넣은 것은 당신이다. 이제 당신은 엘리베이터를 타고 내부로 잠수할 것이다. 당신은 빌딩 밑까지, 빌딩 아래의 통일장 – 순수한 의식 – 까지 내려간다. 그 경험은 전기가 통하는 황금과 같다. 당신은 그것을 경험한다. 그 전기가 통하는 황금은 소형 청소용 로봇들을 움직이게 한다. 로봇들은 방의 쓰레기를 치우기 시작한다. 로봇들은 먼지와 쓰레기가 있는 곳을 황금으로 만들어 준다. 마치 뒤엉킨 철조망처럼 널려 있던 스트레스도 풀려나간다. 스트레스가 수증기처럼 증발한다. 당신은 청소하면서 동시에 활력을 되찾는다. 당신은 깨달음의 상태로 이르는 길을 가고 있는 것이다.

# 종교

나는 어릴 때부터 장로교 신자였다. 나는 종교적인 사람들을 존경한다. 그들은 종교에서 뭔가 아름다운 것을 발견하는 사람들이다. 종교에는 진실이 있다. 그러나 이 세상의 종교는 시간이 흐르면서 거짓과 뒤섞여 창시자들의 본뜻을 잃어버린 것 같다. 어쨌거나 모든 종교는 똑같은 훌륭한 목적을 향해 가고 있다고 나는 믿는다.

모든 종교는 궁극적으로는 하나의 바다로 모인다. 초월명상은 그 바다를 경험토록 하는 테크닉이다. 모든 종교의 신자들이 행하는 테크닉인 것이다. 초월명상 그 자체는 종교가 아니며 종교에 반대하는 것도 아니다. 초월명상은 어느 것에도 반대하지 않는다.

## 마약

우리는 모두 의식을 확장하고 싶어 하고 희열을 맛보기를 원한다. 그것은 자연스런 인간의 욕망이다. 많은 사람은 마약을 통해 그런 욕망을 충족하려 한다. 그러나 문제는 마약을 쓰면 몸이, 몸의 생리가 망가진다는 점이다. 마약은 신경계를 손상시켜 스스로 의식을 확장하고 희열을 맛보는 경험을 점점 더 어렵게 한다.

나는 마리화나를 피워 봤지만 이젠 더 이상 피우지 않는다. 1960년대에 미술 학교를 다녔으니 무슨 일이 있었을지 짐작할 수 있을 것이다. 그러나 내 친구들은 나에게 말해 주었다.

"안 돼, 데이빗. 마약에 손대면 안 돼."

난 아주 운이 좋은 경우였다.

실제로 자연 상태에서도 아주 심오한 체험을 할 수 있다. 당신의 의식이 확장되기 시작한다면 충분히 심오한 경험을 할 수 있다. 당신은 그런 일을 직접 볼 수도 있다.

의식이란 공을 팽창시키기만 하면 가능하다. 그러면 의식의 공은 무한히 제약 없이 확장한다. 그러면 전체성totality을 가질 수 있다. 마약을 할 때 뒤따르는 부작용 없이 이 모든 경험을 할 수 있다.

## 불을 밝혀라

> 요가-통일성-의 주위에서는 적대적 경향들이 제거된다.
> - 요가수트라

　우리는 전구와 같다. 희열이 우리 내부에서 자라기 시작하면, 그것은 마치 빛과 같아서 우리 주변에도 영향을 미친다. 사람들이 심하게 다투고 있는 방에 들어가 보면 즐거움을 느낄 수 없다. 우리는 그것을 직감으로 알 수 있다. 심지어 다툼이 끝났다 해도 그것을 알 수 있다. 그러나 어떤 사람이 막 명상을 마친 방에 들어간다면 당신은 희열을 느낄 수 있다.
　우리는 모두 주위 환경에 영향을 준다. 당신 내부의 빛을 만끽하고 그것을 더욱 밝게 밝힌다면, 빛을 더욱더 누리게 된다. 그리고 그 빛은 더욱 멀리 밖으로 퍼져 간다.

# 산업교향곡 제1번

〈산업교향곡 제1번〉은 내가 했던 최초이자 유일한 연극이었다. 그 연극은 브루클린 음악아카데미에서 공연됐다. 2주간 준비 작업을 했고 실제 무대에서 손발을 맞춰 본 것은 단 하루뿐이었다. 공연은 두 차례 했다.

나는 안젤로 바달라멘티와 음악 작업을 진행했는데, 여러 다른 요소를 한데 묶어 줄 추상음악을 써 보기로 했다. 그리고 몇몇 사람에게 세트를 짓도록 했다. 그러나 세트가 건립된 이후 전체 리허설을 할 시간은 단 하루뿐이었다.

우리는 오전 느지막할 때와 오후 두 차례 리허설을 한 뒤, 곧바로 두 차례 공연을 해야 했다. 나는 리허설에서 처음부터 끝까지 모든 것을 체크해 보고 싶었다. 리허설을 시작한 지 한 시간 반이 지났을 때, 나는 별로 길지 않는 이 공연을 제대로 하기가 어려운 상황이라는 것을 깨달았다. 새로운 아이디어를 갖고 접근하지 않으면 공연이 제대로 이뤄지지 않을 것이 분명했다.
  그런데 옳거니, 새 아이디어가 떠올랐다. 그 아이디어는 새로운 발명을 하는 것과 같이 대단한 것은 아니었다. 그저 상식적인 것에 지나지 않았다. 내가 한 것은 하나씩 하나씩 접근하는 일이었다. 한 사람을 붙잡고는 다음과 같이 말했다.

"저기 저 사람 보이죠? 저 사람이 저쪽으로 가면 그때 여기를 떠나 저쪽으로 가세요."
"알겠어요."
"저쪽으로 가서는 이것 이것을 하세요."
"알겠습니다."

이제 다음 사람에게로 가서 말했다.

"저기 저 사람 보이죠? 그가 이런 일을 하면 그게 당신이 이쪽으로 오라는 신호입니다. 여기 와서 이것 이것을 하세요."

나는 한 사람 한 사람에게 접근했던 것이다. 실제로 우리는 진정한 의미의 리허설은 한 번도 하지 못했지만, 운 좋게도 이 방법은 잘 먹혀서 공연은 성공리에 끝났다.

## 로스트 하이웨이

배리 기포드 Barry Gifford와 〈로스트 하이웨이 Lost Highway〉의 대본을 함께 쓰고 있을 동안, 나도 모르게 심슨 O.J. Simpson 재판에 남다른 관심을 기울이게 됐다. 배리와 나는 재판에 대해 얘기한 적이 없지만, 영화는 그 사건과 어떤 식으로든 연관돼 있을 것이다.

심슨을 보고 놀란 점은, 그가 미소도 짓고 때론 웃음을 터뜨리기도 한다는 사실이었다. 나중에 그는 아무 문제도 없다는 듯 태연히 골프를 치기도 했다. 나는 한 인간이 정말 살인을 저질렀다면 어떻게 삶을 이어갈지 궁금했다. 그런 생각을 하다가 나는 공포를 회피하려고 마음이 스스로 기만하는 현상을 가리키는 심리학 용어인 "심인성 기억상실 psychogenic fugue"이라는 말을 접하게 됐다. 〈로스트 하이웨이〉는 그런 심리현상에 대한 영화다. 그리고 영원한 비밀은 없다는 점을 지적하는 영화이기도 하다.

## 제약

가끔 제약이 마음을 일깨운다. 쓰고도 남을 만큼 많은 돈이 있다면, 당신은 문제가 생기면 돈으로 처리하면 된다고 생각하고 별다른 고민을 하지 않을 것이다. 열심히 생각할 필요가 없다. 그러나 돈이 별로 없다면, 당신은 돈이 들지 않는 창의적인 아이디어로 대처해야 할 것이다.

내 친구 게리 다미코 Gary D'Amico는 특수효과 전문가다. 그는 날려 버리기를 좋아한다. 〈로스트 하이웨이〉에서 집을 날려 버린 것도 그다. 영화를 찍을 당시 개리는 집을 폭파할 수 있는 장비를 갖추고 있지 않았다. 나는 그 집을 폭파해야 할지, 남겨 두어야 할지도 정하지 못한 상태였다. 제작 담당자가 우리에게 다가와 물었다.

"집은 헐어 버릴 거죠? 뭔가 남겨 두고 싶은 게 있습니까?"

"헐어 버린다?"

난 반문하고는 생각하기 시작했다. 그리고 개리에게 가서 다음과 같이 말하자 그의 얼굴이 밝아졌다.

"뭔가를 날려 버리고 싶은데……. 이 집을 날려 버리고 싶네."

그러자 그는 즉시 말했다.

"그 말을 해주기를 기다렸지. 그런데 준비한 게 없네."

그러나 곧 그는 말을 이었다.

"문제없어. 할 수 있네."

그는 집으로 들어가서 가지고 있는 모든 것과 집을 선으로 연결했다. 이 모습은 정말로 대단한 광경이었다. 그가 폭파 장면을 위해 미리 준비해야 할 것을 챙겨 왔더라면, 그리 대단할 게 없었을 것이다.

폭파는 연성폭발이었다. 조각이 수백 미터나 날아갔지만, 소란스럽지는 않았다. 우리는 그 장면을 촬영해 거꾸로 썼다. 그 장면은 아주 그럴듯했다.

## 멀홀랜드 드라이브

〈멀홀랜드 드라이브 Mulholland Drive〉는 원래 텔레비전 시리즈로 제작될 예정이었다. 그래서 한 편으로 완결하지 않고 다음 편을 기대하도록 파일럿 프로그램으로 제작했다.

이 파일럿 프로그램을 받아들일지를 결정할 ABC의 담당자가 이 프로그램을 오전 여섯 시에 보았다는 얘기가 들려왔다. 그는 커피를 만들고 전화를 걸면서 거실 저편의 텔레비전으로 이 프로그램을 보고 있었던 것이다. 그는 이 프로그램을 싫어했다. 지루하게 느꼈던 것이다. 그래서 시리즈를 취소했다.

다행스럽게도 난 이 프로그램을 영화로 만들 기회를 잡았다. 그런데 아이디어가 좀 더 필요했다.

이럴 때 아이디어를 낚으려고 명상을 할 필요는 없다. 당신의 의식을 확장하면 아주 신선한 느낌이 들고 에너지가 충만해 밖으로 나가고 싶어진다. 그러면 아이디어를 붙잡을 수 있다.

그런데 〈멀홀랜드 드라이브〉의 경우에는 영화로 제작하라는 허락을 받은 날, 난 명상에 들어갔다. 그리고 명상에 들어간 지 약 10분 만에 '슈욱' 하고 뭔가가 떠올랐다. 그렇게 해서 이 영화가 만들어졌다. 마치 진주 목걸이의 진주처럼 아이디어가 줄줄이 떠올랐다. 그래서 중간과 처음과 끝을 바꾸게 되었다. 나는 축복을 받은 느낌이었다. 그러나 명상 도중에 아이디어가 떠오른 것은 그때가 유일한 경우다.

## 상자와 열쇠

나는 상자와 열쇠가 무엇인지 전혀 알지 못한다.

## 장소에 대한 느낌

　장소에 대한 느낌은 영화에서 매우 중요하다. 왜냐하면, 우리는 영화를 통해 다른 세계로 들어가기를 원하기 때문이다. 모든 스토리는 각각 나름의 세계와 느낌과 분위기를 갖고 있다. 영화작가는 이 모든 작은 디테일을 한데 모아 장소에 대한 느낌을 창조하고자 한다.
　조명과 사운드가 그 느낌을 크게 좌우한다. 방에서 소리가 나면, 그 소리는 방 안의 세계를 채색하는 것을 도와주어 느낌을 더 풍부하게 만든다. 세트는 대부분 와이드 샷에만 적합하게 지어지는데, 작은 디테일도 잘 보이도록 세심하게 지어야 한다. 관객이 모든 세부사항을 볼 수는 없을 테지만 세부 디테일은 그곳이 실제 장소, 실제 세계라는 느낌을 들도록 해준다.

## 아름다움

낡아 빠진 건물이나 녹슨 다리를 보면, 거기에 자연과 인간이 함께 작용하고 있음을 알 수 있다. 당신이 한 건물에 페인트칠한다고 해서 그 건물에 뭔가 마술적인 것이 생겨나지는 않는다. 그러나 시간이 흘러 건물이 서서히 낡아 간다면, 인간이 지은 것에 자연의 힘이 보태어져 아주 유기적인 것이 된다.

그런데 일부 조경 디자이너를 제외한 사람들은 대개 자연의 힘이 보태어지는 것을 허용치 않으려 한다.

## 결

　내가 특별히 썩어 가는 시체를 좋아하는 것은 아니지만, 썩고 있는 시체에는 믿을 수 없을 정도로 독특한 조직의 결이 있다.
　당신은 작은 동물의 썩은 시체를 본 적이 있는가? 나는 그런 것을 바라보기를 좋아하는데, 이것은 나무껍질이나 작은 벌레, 또는 커피 한 잔, 파이 한 조각을 자세히 보는 것을 좋아하는 것과 다를 바 없다. 동물의 썩은 시체를 가까이 들여다보면 그 결이 놀라울 정도로 독특하다는 것을 알 수 있다.

## 나무로 작업하기

나무는 작업하기에 가장 좋은 재료 중의 하나다. 부드러운 나무가 있는가 하면, 단단한 나무도 있다.

작업을 하다 보면 나무 종류마다 제 나름의 아름다움이 있음을 알 수 있다. 방금 잘라 낸 소나무 조각의 냄새를 맡고 있노라면 하늘에라도 온 것 같다. 솔잎 향을 맡아도 마찬가지다. 나는 폰데로사 소나무에서 흘러나와 겉껍질에서 굳은 송진을 씹는다. 신선한 송진 한 조각은 마치 시럽 같다. 송진은 손에 들러붙어 잘 떨어지지 않는다. 때로는 딱딱하게 굳어 오래된 꿀처럼 되기도 한다. 그 송진을 씹는 것인데 향내가 끝내 준다.

소나무는 나무 가운데서도 부드러운 편이라 다루기 쉽고 구하기도 쉽다. 어렸을 때 나는 소나무로 여러 가지를 만들었다. 나중에는 수직 조직을 가진 더글라스 전나무를 아주 좋아하게 됐다. 더글라스 전나무 판자에 니스

칠을 하면 매혹적이고 깊이 있는 아름다움을 얻을 수 있다. 나무 두 조각을 합치면 수많은 것을 만들어 낼 수 있다. 그러면서 나무 다루는 방법도 터득하게 된다.

독일 목수 권터Günter는 전동기구를 전혀 사용하지 않는 것으로 잘 알려졌다. 그는 나무 상자에 손잡이가 달린 도구함을 갖고 다닌다. 나는 권터가 더글라스 전나무로 작은 세공품을 만드는 것을 지켜본 적이 있다. 그는 나무 두 쪽을 붙이고는 이음매를 자신의 닳아빠진 엄지손가락으로 문지른다. 그러면 그 이음매가 보이지 않게 된다. 마술을 부린 듯 조각들이 완벽하게 맞물리는 것이다. 권터야말로 진짜 목수다.

## 작업실

이상적인 상황이라면, 어느 날 아침 당신은 잠에서 깨어나 커피를 마시고 명상을 한 뒤 말할 것이다.

"오케이. 오늘은 작업실에서 램프를 만들 거야."

어떤 아이디어를 얻어 실현하려면 내가 '셋업setup'이라고 부르는 곳이 필요하다. 예를 들면, 작업실이나 화실이나 음악실이 필요한 것이다. 그리고 뭔가를 쓰려면 컴퓨터가 있는 방이 필요하다. 이러한 작업실을 갖추고 있는 것은 매우 중요하다. 아이디어가 떠올랐을 때, 그것을 실현할 장소가 작업실이고 도구들이 그곳에 있기 때문이다.

영감이나 아이디어가 떠올랐는데도, 도구와 장소가 있는 작업실이 없으면 실현하지 못할 수도 있다. 그러면 아이디어와 영감을 그냥 썩혀 버리게 된다. 시간이 흐르면서 아예 사라져 버릴 수도 있다. 그래서 아이디어와 영감을 실현할 수 없다면 아쉽기 짝이 없는 일이다.

## 불

불 앞에 앉아 있는 느낌은 마치 최면에 걸린 것 같이 마술적이다. 전기 앞에, 연기 앞에, 반짝이는 불빛 앞에 앉아 있는 것 역시 마술적이다.

## 영화의 조명

영화의 한 장면에서 방과 빛이 함께 어우러져 나름의 분위기를 빚어내는 경우가 종종 있다. 방이 완벽하게 영화 분위기에 들어맞는 것이 아니더라도 조명을 통해 본래의 아이디어에 충실한 분위기를 만들어낼 수 있다.

영화에서 조명은 모든 것을 달라 보이게 할 수 있다. 심지어 인물까지도 달라 보이게 한다.

나는 사람들이 어둠에서 걸어 나오는 장면을 좋아한다.

# 스트레이트 스토리

〈스트레이트 스토리 The straight story〉의 대본은 내가 쓰지 않았다. 내게 그 영화는 완전히 단선적인 스토리라는 점에서 새로운 것이었다. 난 그 대본이 표현하는 정서에 끌렸다. 이처럼 당신도 이미 존재하는 어떤 것에 끌릴 수도 있는데, 이런 경우도 아이디어에 끌리게 되는 것과 다를 바 없다. 영화로 만들면 어떠할까 하는 느낌을 받으면 그 느낌에 따라 작업을 하게 된다.

## 나의 영화 영웅들

나는 빌리 와일더Billy Wilder를 매우 높이 평가한다. 그의 영화 중 〈선셋 대로 Sunset Boulevard〉와 〈아파트 열쇠를 빌려 드립니다 The Apartment〉를 가장 좋아한다. 이 두 작품이 그만의 독자적인 세계를 보여 주기 때문이다.

그리고 페데리코 펠리니Federico Fellini도 좋아한다. 그는 내게 영감을 불러일으키는 존재다. 나는 〈길 La Strada〉과 〈8 1/2〉를 좋아하는데, 두 영화는 영화 속 세계와 인물들, 분위기 등이 전혀 손댈 것 없이 완벽하다.

나는 알프레드 히치콕Alfred Hitchcock도 좋아한다. 그의 작품 〈이창 Rear Window〉을 보면서 난 미치는 줄 알았다. 방 안에 누워 있는 제임스 스튜어트James Stewart는 아늑한 느낌을 준다. 방은 또 얼마나 멋진가. 그 방으로 들어오는 그레이스 켈리Grace Kelly와 셀마 리터Thelma Ritter도 매우 멋있다. 이들 모두 창밖에서 펼쳐지는 미스터리에 온 정신을 파는 것은 환상 그 자체다. 이 영화는 마술과 같은데, 직접 보면 그것을 느낄 수 있다. 영화를 다시 보면서 그 장소를 다시 보는 것은 매우 기분 좋은 일이다.

# 펠리니

나는 로마에서 광고 촬영을 한 적이 있다. 페데리코 펠리니 Federico Fellini 와 일한 적이 있는 두 사람과 함께 일하고 있었다. 당시 북부 이탈리아의 병원에 입원해 있던 펠리니가 로마로 오고 있다는 소식이 들려왔다. 나는 함께 일하던 두 사람에게 물었다.

"펠리니를 찾아가서 안부인사라도 할 수 있을까요?"
"한번 만날 수 있도록 주선해 볼게요."

목요일 저녁 만나려던 시도가 실패한 대신, 우리는 금요일 저녁 그를 찾아볼 수 있었다. 따뜻하고 아름다운 여름 저녁 여섯 시경이었다. 우리 중 둘이 펠리니의 방에 들어갈 수 있었다. 방에 다른 사람이 있었는데 내 친구가 아는 사람이었다. 그가 펠리니에게 다가가 우리가 찾아왔음을 알렸다.

　펠리니는 나를 옆에 앉혔다. 그는 침대 두 개 사이에 작은 휠체어에 앉아 있었다. 그는 내 손을 잡았고, 우리는 나란히 앉아 약 30분간 얘기를 나눴다. 나는 질문을 별로 하지 않고 주로 그의 말을 들었다. 그는 옛 시절이 어땠는지를 이야기해 주었다. 그의 옆에 앉아 얘기를 듣는 것은 정말로 좋았다. 이윽고 우리는 병실을 나섰다.

　그때가 금요일 밤이었는데, 일요일 그는 혼수상태에 빠져 결코 깨어나지 못했다.

## 큐브릭

스탠리 큐브릭Stanley Kubrick은 내가 가장 좋아하는 영화작가 중의 한 분이다. 영광스럽게도 그는 내 영화 인생의 초기에 나를 격려해 준 적이 있다. 당시 〈엘리펀트 맨 The Elephant Man〉을 만들려고 영국에 머물던 나는 리 인터내셔널 스튜디오의 복도에 서 있었다. 〈엘리펀트 맨〉의 프로듀서 가운데 한 명인 조나산 생거Jonathan Sanger는 조지 루카스George Lucas와 작업하고 있던 스태프 몇 명을 데려와서는 말했다.

"이분들이 당신에게 해줄 얘기가 있답니다."

나는 의아해서 물었다.

"무슨 얘기죠?"

"어제 우리는 엘스트리 스튜디오에 있었는데 큐브릭을 만나서 얘기를 나누게 됐죠. 큐브릭이 '오늘 우리 집으로 가서 내가 좋아하는 영화를 함께 보지 않겠느냐?'고 해서 우리는 대찬성을 했죠."

그날 그들이 큐브릭의 집에 갔을 때, 그는 〈이레이저 헤드〉를 보여 주었다. 이 말을 듣는 순간 나는 지금 당장 죽더라도 여한이 없을 것 같았다.

나는 큐브릭의 모든 영화를 좋아하지만, 가장 좋아하는 영화는 〈로리타 Lolita〉다. 나는 그저 그 영화 속의 세계와 인물들이 좋다. 배우들의 연기도 마음에 든다. 이 영화에서 제임스 메이슨 James Mason의 연기는 그야말로 칭찬할 말이 부족할 정도이다.

# 인랜드 엠파이어

우리는 거미와 같다.
우리는 우리의 삶을 짜나가고 그 속에서 움직인다.
우리는 꿈을 꾸며 그 꿈속에 사는 사람과 같다.
이 말은 우주 전체에도 해당한다. - 우파니샤드

처음에는 〈인랜드 엠파이어 Inland Empire〉를 만들 생각조차 없었다. 어는 날 길에서 로라 던Laura Dern을 우연히 마주쳐서, 그녀가 내 이웃으로 이사 왔음을 알게 됐다. 그녀를 본 것은 참으로 오랜만이었다. 로라가 나에게 말했다.

"데이빗, 우리 다시 뭐라도 같이 해요."
"물론이죠. 당신을 위해 뭔가를 써 보도록 하죠. 인터넷용으로 실험적인 작품을 해보는 건 어떨까요?"

"좋죠!"

그녀는 내 말에 맞장구를 쳤다. 그래서 나는 14쪽에 이르는 독백을 썼고, 로라는 14쪽을 모두 암기했다. 이것은 약 70분에 이르는 분량이었다. 그녀의 연기는 기가 막힐 정도였다. 작품이 매우 좋아서 나는 인터넷을 통해 공개해 버릴 수가 없었다. 비밀을 간직하고 있는 듯한 이 작품에는 뭔가가 있어서 나를 조바심 나게 했다. 난 그게 뭔지를 곰곰이 생각했다. 그럴 때 뭔가가 더 떠올랐다. 그렇게 떠오른 것은 또 다른 장면으로 이어졌다. 그러나 나는 도대체 그게 뭔지를 알 수 없었다. 얘기도 제대로 되지 않는 것이었다. 그러면서도 또 다른 장면의 아이디어가 떠올랐다. 이렇게 해서 구상하게 된 세 번째 장면은 처음 두 장면과는 아주 거리가 먼 것이었다. 물론 두 번째 장면도 첫 번째 장면과 상당한 비약이 있었지만.

어느 날 우리는 '작은 집' 장면을 찍을 준비를 하고 있었다. 이 장면에서는 로라 던과 내 친구인 폴란드 출신 배우 크쥐시토프 마이흐작 Krzysztof Majchrzak이 연기를 하기로 돼 있었다. 폴란드에서 로스앤젤레스로 날아온 크쥐시토프를 카메리미지Camerimage 친구들이 내 집으로 데려왔다. 자동차에서 내릴 때 그는 미소 지으며, 쓰고 있던 요상하게 생긴 안경을 손가락으로 가리켰다.

나는 그가 이 안경을 쓰고 연기할 생각이란 것을 알아차리고 말했다.

"안 돼, 크쥐시토프!"
"나도 소품이 필요해. 뭔가 있어야 할 것 아냐."

그래서 난 사무실로 들어가 찬장을 열었다. 찬장 속의 부서진 작은 타일 조각이 눈에 띄었다. 돌멩이도 있었고 크리스마스용 전구처럼 투명해 보이는 붉은색의 작은 전구도 보였다. 난 이것들을 끄집어내 그에게 갖다 주고는 말했다.

"이 중 하나만 고르게."

그는 전구를 택했다. 나는 더 이상 이따위 것들을 끌어들이지 못하게 하려고 나머지는 내다 버렸다. 우리는 '작은 집' 장면 촬영에 들어갔고, 크쥐시토프는 입에 작은 전구를 물고 나무 뒤에서 나타났다. 이것이 그 장면을 그렇게 찍은 이유였다. 이처럼 하나는 다른 하나로 이어진다.

만약 통일장이 존재한다면 크리스마스트리 전구와 요상한 안경을 쓰고 나타난 폴란드 사내 간에는 모종의 통일성이 존재할 것이라고 나는 느꼈다. 이처럼 관련성 없는 것들이 함께 어우러짐을 보는 것은 흥미로운 일이다. 그런 것을 보면 우리 마음도 활기를 띠게 된다.

전혀 별개로 보이는 것들이 어떻게 어울리게 될까? 그런 것들은 애초의 두 가지를 통합하는 제3의 것을 불러낸다. 다양성 한가운데서 이런 통일성이 어떻게 가능한지를 알아채는 것은 쉬운 일은 아니다. 바다는 통일체이고 이런 것들은 바다 위에 둥둥 떠 있다.

'그래, 이것들이 어우러질 방도가 분명히 있을 거야. 이 모든 것은 통일장 속에 존재하는 것이니까.'

어느 것과도 어우러질 수 없는 조각이란 있을 수 없다. 하나가 여러 가지로 보이는 것일 뿐. 그러므로 통합하는 뭔가가 생겨날 것이고, 나는 이것들이 서로 연관을 맺는 방식을 알게 되리라는 희망을 품고 있었다. 그런데 내가 나머지 모든 것, 이전의 모든 것을 통합할 수 있는 일종의 형식을 갑자기 알아채게 된 것은 작업이 거의 중반에 이르러서였다. 그날은 대단한 날이었다. 내가 〈인랜드 엠파이어〉가 극영화가 되리라고 말할 수 있게 되었기 때문에 좋은 날이기도 했다.

## 제목

작업을 갓 시작할 당시 나는 로라 던과 얘기를 하던 도중 그녀의 현재 남편 벤 하퍼Ben Harper가 로스앤젤레스 인랜드 엠파이어 출신이라는 사실을 알게 됐다. 이런저런 얘기를 하던 도중 그녀가 남편의 고향 얘기를 했다. 그런데 언제부터인지 모르지만 난 다음과 같이 말하고 있었다.

"영화 제목은 '인랜드 엠파이어'로 해야겠어."

당시 나는 이 영화에 대해 아무것도 알지 못했다. 어쨌든 나는 영화 제목을 '인랜드 엠파이어'라고 붙이고 싶었다.

내 부모님은 몬태나주에 나무로 지은 오두막집을 갖고 있다. 어느 날 내 동생은 오두막집을 청소하다가 옷장 뒤에서 스크랩북 한 권을 발견했다. 동생은 그 스크랩북을 내게 보냈다. 왜냐하면, 다섯 살 때 내가 워싱턴 주 스포케인에 살 때 만든 것이었기 때문이다. 스크랩북을 펼치자 첫 장에 비행기에서 찍은 스포케인 전경이 스크랩 돼 있었다. 그리고 그 사진 아래에 다음과 같이 쓰여 있었다.

인랜드 엠파이어

그래서 이 제목이 올바른 선택이라고 생각하게 됐다.

## 일하는 새로운 방식

〈인랜드 엠파이어〉를 제작하는 일은 이전의 일과 아주 달랐다. 영화 전체를 디지털로 촬영했기 때문에 놀라운 유연성과 통제력을 발휘할 수 있게 되었다.

게다가 나는 대본도 갖고 있지 않았다. 나는 결말이 어떠할지도 정하지 않은 채 대본을 촬영 당일 한 장면씩 썼다. 이런 방식은 모험이었지만, 모든 일이란 것이 통합돼 있기 때문에 여기의 이 아이디어는 어떤 식으로든 저곳의 저 아이디어와 관련을 맺게 되리라는 느낌이 있었다. 제작사인 프랑스의 스튜디오 카날은 내가 길을 찾아가도록 믿고 맡겨 두었다.

## 감독 코멘터리

　내 영화를 DVD로 낼 때 감독 코멘터리를 실은 적이 없다. 나도 사람들이 DVD의 보너스 영상물을 좋아한다는 사실을 알고 있지만, 내가 보기에 정작 영화는 부가영상물 속에 파묻혀 버리는 것 같아서다.
　우리는 영화 자체를 보호해야 한다. 영화는 영화 자체로 평가받아야 한다. 영화를 만들려고 엄청난 노력을 기울인 것을 고려하면, 영화를 그 자체 그대로 보는 것이 좋다. 감독 코멘터리는 가장 중요한 영화 자체에 대한 사람들의 생각을 바꿔 놓을 길을 열어 놓는다. 한 영화에 관한 얘기들을 알리는 것은 좋다고 생각하지만, 진행되는 영화 장면 장면에 대해 논평하는 것은 신성모독과 같은 것이라고 믿는다.
　대신 영화 전체를 단번에 보는 게 좋다고 믿는다. 그것도 훌륭한 사운드 시스템과 대형 스크린을 갖춘 조용한 장소에서 본다면 최고이다. 그러면 당신은 영화 속의 세계로 들어갈 수 있고 그 세계를 경험할 수도 있다.

## 영화의 죽음

　나는 매체로서의 영화에 더 이상 흥미를 갖지 못한다. 내게 매체로서의 영화는 죽었다. 전 세계 사람들이 현재 스틸 사진으로 어떤 일을 하는지 살펴보면 무슨 일이 일어나고 있는지 알 수 있다.

　나는 디지털 비디오로 촬영하는 방식을 좋아한다. 내 웹사이트를 운영하면서 소형 디지털 카메라로 찍은 실험적인 소품들을 사이트에 올리기 시작했다. 처음에는 그저 작은 장난감과 같은 것일 뿐 별것 아니라고 여겼다. 그러나 점차 그런 소품들이 적어도 내게는 대단한 것임을 깨닫게 되었다.

　자동 포커스로 40분짜리 영상물을 찍는다고 하자. 카메라는 가볍다. 촬영분은 그 자리에서 즉시 확인할 수 있다. 필름으로 찍는 경우는 필름을 현상실로 보내야 하기 때문에 촬영 상태를 확인하려면 다음 날까지 기다려야 한다. 그러나 DV Digital Video를 쓰면 촬영하자마자 즉시 촬영한 것을 컴퓨터에 입력해 곧바로 작업에 들어갈 수 있다. 그리고 아주 다양한 도구를 이용할 수도 있다. 오늘 천 가지 도구를 이용할 수 있다면, 내일은 만 가지 도구를 쓸 수도 있을 것이다. 요즘에는 누구나 오디오 프로그램인 프로툴즈 ProTools를 이용해 단시간 내에 소리를 섬세하게 조작할 수 있다. 이미지도 마찬가지다. 제작자가 직접 통제할 수 있는 것이 엄청나게 늘었다.

    나는 내 나름으로 실험을 하기 시작했다. DV를 필름으로 옮기는 테스트도 몇 차례 했다. 극장에서 상영하려면 DV를 필름으로 옮겨야 하기 때문이다. 필름으로 옮기면 필름으로 찍은 것과 완전히 똑같지는 않지만, 내가 기대한 것보다 훨씬 나아 보였다.

    일단 작고 가벼운 디지털 장비를 이용해 촬영을 해보면 필름 촬영이 번거롭게 느껴진다. 내게 35밀리미터 필름카메라는 마치 공룡처럼 보인다. 그것은 크고 무게도 엄청나게 나간다. 그런 카메라를 이리저리 움직여야 한다. 여러 가지 작업을 해야 하는데 도대체 빨리할 수가 없다. 이런 이유로 필름카메라 작업에는 제약이 매우 많다. 반면 DV 촬영 시에는 모든 장비가 가벼워 이동성이 훨씬 좋고 매끄럽게 움직일 수 있다. 그리고 생각한 바를 곧바로 영상으로 잡아낼 수 있다.

    배우 처지에서 보면 필름을 쓸 경우 한창 인물에 몰입해 연기하다가 갑자기 멈추어야 할 때가 있다. 10분이 지나면 필름을 갈아 끼워야 하기 때문이다. 이런 일은 흐름을 끊어 놓는다. 그러나 디지털 촬영을 할 경우 중간에 멈출 필요가 없다. 40분간 계속 촬영할 수 있기 때문이다. 또 연기 지시를 하면서도 카메라를 멈출 필요 없이 계속 촬영할 수도 있다. 심지어 촬영하면서 리허설을 할 수도 있다. 다만, 내 지시까지 녹음되어 사운드 트랙을 망쳐 버려서 사운드 기술자들이 내 말을 사운드 트랙에서 제거해야 한다. 그러나 대부분은 촬영하는 동안 배우들에게 말을 한다. 그러면 좀 더 깊이 있는 연기를 끌어낼 수 있기 때문이다.

## 젊은 영화작가들과 DV

나는 장래의 영화작가들에게 자신이 진실로 믿는 바를 할 수 있도록 해주는 DV의 가능성을 이용하라고 충고한다.

"영화작가 여러분, DV를 이용해 당신들의 목소리를 지켜라."

제작사나 돈을 댄 사람들에게 좋은 인상을 주려고 무언가를 해서는 안 된다. 내 경험에 비추어 보면 그럴 때 언제나 역효과를 빚는다. 영화학교에 가서 수많은 고급 지식을 배우는 일도 좋다. 그러나 직접 영화를 만들면서 배워라. 오늘날에는 직접 해보는 데 큰돈이 들지 않을 수 있다. 직접 밖으로 나가 스스로 해보라. 당신의 작품을 출품할 수 있는 영화제가 수없이 많다. 영화제에 수없이 출품하다 보면 나중에라도 배급이나 재정 지원을 얻을 수도 있다.

## DV의 화질

내가 현재 사용하고 있는 DV 카메라는 '소니 PD150'으로 HD보다는 화질이 낮은 기종이다. 그래도 나는 이 낮은 화질을 좋아한다. 그리고 나는 '소니 PD150'과 같은 소형 카메라를 좋아한다.

이 카메라로 찍은 화면은 마치 1930년대 영화 같다. 영화 제작 초기에는 감광유제의 성능이 뛰어나지 않아서 스크린 상에 나타나는 정보량이 적었다. 소니 PD 카메라로 찍은 것도 그렇게 보인다. 고해상도에는 미치지 못한다. 그러나 어쩌다 영화 프레임 안에 뭔가 불확실한 것이나 어두컴컴한 구석이 있으면, 우리의 상상력을 자극하기도 한다. 프레임 안의 모든 것이 수정처럼 맑게 보인다면, 그것은 그 자체일 뿐이지 함축하는 것이 없다.

불행히도 HD는 지나치게 선명하다. 편집실의 스크린으로 HD로 찍은 영상을 본 적이 있다. 그것은 일종의 공상과학 소설 속의 세계 같았다. 배경에 금속제 소용돌이형 받침대가 있어야 하는 부분에 목제 나사가 놓여 있는 것도 알아챌 수 있을 정도였다. 그러니 HD 촬영용 세트를 짓는 일은 훨씬 어려울 수밖에 없다.

## 영화의 미래

우리가 영화를 보는 방식이 바뀌고 있다. 비디오 아이팟과 온라인 비디오가 모든 것을 바꾸고 있다. 초대형 스크린이 아니라 소형 스크린으로 영화를 보는 식으로 바뀌고 있다. 적어도 사람들이 자기의 헤드폰을 끼고 듣게 되리라는 사실은 좋은 소식이다. 사운드는 더욱 중요해질 것이다. 아마도 아이팟에 뭔가를 입력해서 집 안의 대형 스크린을 통해 볼 수 있을 것이고, 조용한 집 안에서 중저음 스피커를 갖춘 최고의 시스템 덕분에 영화의 세계에 푹 빠질 수도 있을 것이다.

중요한 것은 막이 오르고 불이 꺼지면, 우리는 영화 속의 세계로 들어갈 수 있어야 한다는 점이다. 그런데 여러 가지 이유로 그러기가 점점 더 어려워지고 있다. 극장에서는 말소리가 흔히 들린다. 화면은 작고 초라하다. 그런 상황에서 어떻게 다른 세계로 들어가는 경험을 할 수 있겠는가.

앞으로의 발전이 순탄하리라고는 생각지 않는다. 그러나 아주 선명한 영화를 보게 될 가능성이 크다. 스크래치나 먼지 자국, 표면의 어른거림, 손상이 전혀 없고 수많은 방식으로 조작할 수 있는 이미지를 보게 될 것이다. 영화를 보여 주는 방식에 세심한 주의를 기울이면 영화 속의 세계로 들어가는 아름다운 경험을 할 수 있다. 현재 그런 방식을 모색 중이다. 디지털 기술이 있고 비디오 아이팟이 있다. 우리가 새로운 세계를 자유자재로 즐길 수 있게 될 것이다.

## 상식

영화 제작의 대부분은 상식선에서 이루어진다. 당신이 잠시 멈추어 서서 어찌할 것인지를 곰곰 생각한다면 옳은 길을 찾을 수 있다.

## 충고

> 진실은 향기로운 지구를 떠받치고 살아 있는 것들을 적셔 준다.
> 진실은 불을 타오르게 하고, 공기가 이동하게 하고,
> 태양을 빛나게 하고, 모든 생명을 자라게 한다. 숨겨져 있는 진실은
> 모든 것을 떠받친다. 그 진실을 발견하라, 그리고 얻어라.
> — 라마야나

당신 자신에게 솔직해라. 당신의 목소리가 울려 나오게 하고, 다른 사람이 끼어들지 못하게 하라. 좋은 아이디어를 절대 포기하지 마라. 나쁜 아이디어를 절대 취하지 마라. 그리고 명상을 하라. 자신을, 순수한 의식을 경험하는 일은 아주 중요하다. 그러면 정말로 도움이 된다. 영화를 만들려는 사람이라면 누구에게나 도움이 된다.

행복을 키우고 직관을 키워라. 일하는 즐거움을 경험하라. 그러면 당신

의 얼굴은 평화로운 가운데 환하게 밝아질 것이다. 그러한 당신을 보고 친구들도 행복해할 것이다. 모든 사람들이 당신과 자리를 함께하고 싶어 할 것이다. 그리고 당신은 돈도 얻게 될 것이다!

잠

잠은 매우 중요하다. 당신이 일과 명상을 잘하려면, 몸을 쉬게 해야 한다. 잠을 충분히 자지 못했을 때는 명상을 해도 상쾌한 느낌이 덜하다. 명상을 하면 편안한 느낌 때문에 잠에 빠져들기도 한다. 그러나 충분한 휴식을 취했을 때는 좀 더 또렷하고 심원한 경험을 할 수 있다.

반수면 상태로 명상하는 경우에도 어느 정도 초월을 경험할 수 있다. 그러나 명상을 또렷한 상태에서 할 때 초월을 경험하기가 훨씬 쉽다. 그리고 잠수할 때 매우 힘차고 깊은 경험을 할 수 있다.

명상을 할 때 마음은 가장 깊은 곳으로 내려가고 몸은 바로 그 뒤까지 따라 내려간다. 여러 연구를 통해 명상을 가장 깊이 하는 상태는, 숙면을 취할 때의 세 배에 이르는 휴식 효과를 갖는다는 사실이 밝혀졌다. 그렇다 해도 잠은 당신이 그 수준에 이르도록 준비를 해주는 것이므로 중요하다.

## 포기하지 않기

예술은 꽤 까다로운 일이다. 아무리 예술을 하고 싶어도 우선 먹고살아야 한다. 그러려면 일을 해야 한다. 때로 당신은 예술을 할 수 없을 정도로 피로에 시달릴 수도 있다.

그러나 당신이 하는 일을 사랑한다면, 어쨌든 간에 그 일을 하게 될 것이다. 나는 아주 운이 좋았다. 고비마다 나를 도와주는 사람들을 만났다. 내 삶에서 수많은 사람이 내가 한 걸음 더 나아가도록 도와주었다. 그런 도움은 당신이 무언가를 했을 때 얻을 수 있다. 그러므로 당신은 일을 계속해 나가야 한다.

내게 일어난 많은 일은 행운이었다. 그러나 나는 말하고 싶다.

"당신에게 시간 여유를 허용하는 일을 구하라. 잠을 자고 필요한 음식을 취하라. 그런 다음 할 수 있는 만큼 많이 일하라."

　당신이 좋아하는 일을 하는 것만큼 즐거운 것은 없다. 좋아하는 일을 하다 보면 아마도 문이 열릴 것이다. 그래서 당신이 좋아하는 일을 할 수 있는 길을 찾게 될 것이다. 그러기를 진정으로 바란다.

## 성공과 실패

많은 영화를 만든 사람일수록 또 한 편의 영화를 만드는 것이 더 쉬워진다고 할 수 있다. 그런 이들은 아이디어를 포착해 실현하는 일에 더욱 친숙해진다. 여러 도구와 조명에 대한 이해 역시 커진다. 그리고 전체 과정을 이해하게 된다. 이미 전에 해봤기 때문이다.

그러나 더 어려워지기도 한다. 왜냐하면, 또 한 편의 영화를 내놓게 될 때 그 영화는 이전의 영화들에 견주어 평가되기 때문이다. 이전 작품이 성공을 거두었다면 이번에는 실패할지도 모른다고 생각하게 된다.

그러나 내가 〈듄〉 이후에 그랬듯이 이전 작품이 아주 좋지 않았다면 아무런 두려움도 느끼지 않을 수도 있다. 더 이상 내려갈 곳이 없다고 생각하기 때문이다. 더는 잃을 것이 없다는 사실에서 오는 행복감과 자유를 경험할 수 있다.

성공과 실패의 균형을 찾을 수 있어야 한다. 실패가 당신을 망칠 수 있는 것처럼, 성공이 당신을 망칠 수 있다. 성공과 실패의 균형을 찾는 유일한 방법은, 통일장의 수준에서 사고하는 것이다. 그렇지 않고서는 균형을 찾을 수 없다. 당신은 통일장 안에 있거나 밖에 있거나 둘 중의 하나다. 통일장이 충분히 활성화되었을 때 당신은 무슨 일이 일어나든 잃을 것이 없다.

## 욕망의 불씨

내 본성으로 되돌아옴으로써 나는 창조하고 또 창조한다.
– 바가바드 기타

한 프로젝트를 끝마치면 시원한 느낌도 들지만 허전한 느낌도 들게 마련이다. 당신의 모든 신경을 집중했던 일이 끝났기 때문이다.

그것은 낚시와 같다. 어제 멋진 물고기를 낚았다고 하자. 오늘도 똑같은 미끼를 달고 낚시를 나가지만, 또다시 그런 놈을 낚을 수 있다고 장담할 수는 없다. 낚시의 비유를 계속하자면, 기다리고 기다려도 전혀 물고기를 낚지 못할 때도 있다. 물고기가 없는 곳에 자리 잡았기 때문이다. 그래서 낚싯대를 거둬들이고 의자를 접어들고 다른 장소로 옮긴다. 이는 당신이 공상에서 깨어나 다른 일을 하게 된다는 것이다. 다른 일을 하는 것만으로도 욕망을 충족할 수 있다.
  무조건 죽치고 앉아서 물고기가 다가올 때까지 기다려야 한다는 말은 아니다. 어떻게 해야 물고기가 오는지는 나도 알지 못한다. 그러나 욕망의 불씨를 꺼뜨리지 않는다면, 그 욕망은 흔히 어떤 아이디어의 형태로 보상받게 된다. 아이디어를 얻게 되면 당신이 옳았다는 사실을 알 수 있다.

## 공감

친절은 꽃보다도 부드럽고 원칙은 천둥보다도 지엄하다.
– 깨달음에 대한 베다의 정의

명상은 이기적인 일이 아니다. 당신이 내면으로 잠수해 자아를 경험한다 하더라도 자신을 세계로부터 격리하는 것은 아니다. 당신을 강화하는 것이어서 명상에서 깨어나 현실로 돌아올 때 당신의 삶은 더 나아질 것이다.

그것은 비행기에 탑승했을 때 승무원들이 다음과 같이 말하는 것과 마찬가지다.

"먼저 마스크를 쓰시고 옆에 계신 승객이 마스크를 쓰는 것을 도와주십시오."

내 친구 찰스 류츠는 말하곤 한다.

"길가에 울고 있는 사내가 있네. 자네는 그 옆에 앉아 그를 위로하지. 그러다 보면 곧 길가에 두 사내가 울고 있게 되네."

명상을 하면 남에 대한 공감과 이해, 남을 돕는 능력이 커진다. 내면으로 잠수해 들어가 순수한 사랑, 순수한 평화의 바다 - 혹은 순수한 공감의 바다 - 를 경험해 느끼고 알게 된다. 그렇게 되면 이 세상에서도 진실로 남을 위해 무언가를 할 수 있다.

## 의식에 기반을 둔 교육

　내가 여러 사람 앞에서 초월명상에 대해 말하게 된 중요한 이유 중의 하나는 초월명상을 통해 아이들이 변화하는 것을 보았기 때문이다. 요즘 아이들은 고통받고 있다. 갓 엄마 품에서 벗어났을 정도의 아주 어린 나이에도 스트레스에 시달리는 경우가 흔하다. 또 이전에는 들어 보지도 못하던 온갖 학습장애를 겪고 있다.

　다른 한편 나는 '의식에 기반을 둔 교육Consciousness-Based Education'의 효과를 목격했다. 의식에 기반을 둔 교육이란 인간의 잠재력을 충분히 개발하는 교육이다. 그것은 모든 사람들이 받는 교육과 똑같은 것인데 단지 학생들이 내면으로 잠수해 들어가 자아, 즉 순수한 의식을 펼치는 방법을 추가한 것이다.

　워싱턴에 사는 교장 선생님인 조지 러더포드 박사를 알고 있다. 그는 세

학교에 초월명상법을 도입했다. 그전에 이들 학교는 폭력에 찌들어 있었다. 총격사건이 벌어졌고 자살하는 학생도 나오는 등 폭력 사태가 잦았던 학교들이다. 러더포드 박사는 교직원들과 학생들에게 명상하도록 했고 그들이 바뀌는 모습을 목격할 수 있었다.

디트로이트의 카멘 은남디 교장은 9년 전 나타키 탈리바 학교에 초월명상법을 도입했다. 학생들에게 오전 10분, 오후 10분씩 함께 명상을 하도록 한 이후 학교는 몰라보게 바뀌었다. 학생들은 행복해했고 성적은 나아졌다. 그리고 졸업생들은 각 방면에서 성공을 거두었다.

교육에 초월명상법을 도입하면 실제로 효과를 얻을 수 있다. 학교생활이 즐거워지므로 학생들은 학교에 있는 동안 더 다양한 지식을 얻을 수 있다. 그뿐만 아니라 지식을 담는 그릇 자체를 키울 수도 있다. 현재의 형편없는 교육 수준과 뚜렷이 대비된다. 배우는 사람은 자신의 변화에 대해서는 잘 알지 못하는 법이지만, 이것은 사실이고 수치로 확인되고 있다.

어느 날 밤 나는 아이오아의 마하리시 학교에서 연극을 관람했다. 마하리시 학교는 의식에 기반을 둔 교육을 하는 학교다. 춥고 비가 부슬부슬 내리던 밤이었다. 고등학생들이 하는 연극을 볼 것이라는 얘기를 들었을 때, 나는 그 밤이 따분하리라 생각했다.

내가 작지만 예쁘장한 극장의 중간쯤에 앉았을 때 무대 위로 학생들이 등장했다. 학생들은 전문배우가 아니라 연극을 그저 공연해 보는 아이들이었다. 그러나 이 연극을 보고 나는 완전히 넋이 나갔다. 내가 보기에는 브로드웨이 공연보다도 나았다. 왜냐하면 나는 아이들의 얼굴에 나타나는 의식, 즉 생기발랄하고 빛나는 듯한 의식을 보았기 때문이다. 아이들은 아주 영리하고, 타이밍을 놓치지 않는 연기를 보여 주었다. 그들의 유머는 타깃을 놓치는 법이 없었다. 학생들이 그러한 수준이라면 걱정할 일이 없을 것 같았다. 그들은 자족적이었다. 그들은 사회에 진출해서도 잘해 나갈 것이고 이 세상을 더 나은 세상으로 바꿔 놓을 것이었다.

'의식 기반 교육과 세계 평화를 위한 데이빗 린치 재단'은 더 많은 학생이 의식 성장을 경험할 수 있도록 돕고자 설립되었다. 우리는 돈을 모아 미국 각지의 수만 명의 학생이 명상을 배울 수 있도록 지원했다. 이런 기회를 통해 아이들이 명상을 접하게 되는 것을 보면 매우 놀랍다. 아이들은 더 이상 스트레스에 시달리지 않는다. 스트레스는 마치 오리의 등에 떨어지는 물방울처럼 그냥 흘러내린다.

나는 학생들의 의식 성장을 위해서만이 아니라, 모든 이들을 위해서 이 일을 하고자 한다. 왜냐하면, 우리는 전구와 같기 때문이다. 전구와 마찬가지로 우리는 내면에 있는 의식의 밝은 빛을 즐길 수 있으며 발산할 수도 있다. 나는 이 속에 평화의 열쇠가 있다고 믿는다.

1만 명의 학생이 새로 명상을 시작하게 된다면 이 나라가 달라질 것이다. 마치 평화의 파도가 퍼져 나가는 것 같을 것이다. 조화와 일관성, 즉 진정한 평화가 찾아올 것이다. 우리 각자에게 의식의 빛이 부정성을 멀리 쫓아 버릴 것이다. 그리고 이 세상에서 부정성이 사라지는 효과를 낼 것이다.

## 진정한 평화

아직 찾아오지 않은 위험을 피하라.
– 요가 경전


이 세상에 평화가 찾아오는 일은 없을 것이라고 사람들은 철석같이 믿고 있다. 이제 평화란 말은 농담이 돼 버렸다.

미인 선발대회 입상자는 세계 평화를 원한다고 말한다. 그러면 모든 사람들이 즐겁게 웃지만 평화가 올 것이라고 믿는 사람은 아무도 없다. 세계 평화란 좋은 아이디어다. 그러나 마치 맘씨 좋은 꼬부랑 할머니의 생각처럼 그저 아이디어일 뿐이다. 그것은 무의미하다. 실제로 세계 평화가 오는 일은 없을 것이다. 우리는 지옥 같은 이 세상에서 살고 있으며 다른 도리가 없다고 생각한다.

그러나 우리가 잘못 생각하고 있는 것은 아닐까.

인간의 의식을 일깨워 통일성의 빛을 발할 때, 우리는 부정적인 것들이 사라지기 시작함을 알고 있다. 그런 개인에게서는 지적 통찰이 자라나고 창의성과 희열감이 커지며 부정성이 사라지고 긍정적인 영향이 나타나서 결국 그러한 것들이 이 세상으로 쏟아져 들어옴을 볼 수 있다. 그러므로 명상을 하는 사람들이 많이 늘어난다면 세상이 아름다워질 것이다. 그러나 명상을 하는 사람의 수가 많지 않더라도 제대로 명상을 하는 이들이 모이면 큰 차이를 만들어낼 수 있다.

어떤 연구 발표에 따르면 지구상 인구의 1퍼센트의 제곱근에 해당하는 8천 명이 집단으로 고도의 명상 테크닉을 수행한다면, 그 집단은 흩어져 있는 같은 수의 사람들보다 4배나 강력한 힘을 갖는다고 한다.

이런 평화를 선도하는 집단들이 단기 연구를 위해 형성돼 왔다. 고급 수준의 명상자들이 집단으로 함께 할 때마다 그들은 주변에 아주 극적인 영향을 미쳤다. 범죄와 폭력이 눈에 띄게 줄었던 것이다. 어떻게 이런 일이 가능했던 것일까.

모든 사람 안에는 하나의 통일장이 있다. 통일장은 항상 그곳에 있다. 통일장은 끝없이 무한하고 영원하다. 통일장은 시작조차도 없는 삶의 수준이다. 통일장은 영원하고 또 영원할 것이다. 또한 통일장은 활성화될 수 있다. 인간의 통일장을 활성화하면 깨달음에 이를 수 있다. 각자의 모든 잠재력을 펼칠 수 있게 된다. 평화를 선도하는 집단이 통일성을 활성화하면 지구상에는 진정한 평화가 찾아올 것이다.

## 마치며

나는 영화를 마음 깊이 사랑한다. 아이디어를 낚는 것과 명상하기도 좋아한다. 통일성을 활성화하는 것 역시 좋아한다. 통일성을 활성화하면 삶이 점점 더 좋아질 것이라 믿는다.

아마도 깨달음은 저 멀리 있을 것이다. 그러나 당신이 한 걸음 한 걸음 빛을 향해 나아가면 세상이 밝아질 것이라고들 한다. 내가 보기에 세월이 갈수록 삶은 점점 더 나아진다. 세상에서 통일성을 활성화하면 지구상에 평화가 도래할 것이라고 믿는다. 그래서 다음과 같이 말하고 싶다.

"모든 이들에게 평화를!"

여러분 모두 행복하시기를, 병에 시달리는 일이 없기를 바랍니다.

어디서나 서광이 비치기를, 누구에게도 고통이 찾아오지 않기를 기원합니다.

평화가 당신과 함께하길.

[ 간추린 영화연보 ]

**이레이저 헤드 Eraser Head, 1976(주연_잭 낸스, 샬럿 스튜어트)**

데이빗 린치의 데뷔작이자 실험적인 장편영화로 제작 기간만 5년이 걸린 흑백 컬트영화다. 황폐해져 가는 산업사회에서 꿈과 현실, 천국과 지옥이 왜곡된 모습을 보여준다. 움직이는 식물, 공해 때문에 생긴 기형아, 상실된 인간 존엄성, 정자같이 생긴 벌레, 움직이는 닭요리를 먹고, 고장 난 엘리베이터를 타고 다니는 주인공 헨리 등 정상적인 것이 하나도 없다. 이 영화는 헨리가 결국에는 아내가 키우지 못하겠다고 버린 기형아를 가위로 찔러 죽이고 자신도 머리가 잘려 연필 지우개가 된다는 줄거리를 담고 있다.

**엘리펀트 맨 The Elephant Man, 1980(주연_안소니 홉킨스, 존 허트)**

19세기 런던에 실존했던 무시무시한 기형아 엘리펀트 맨을 다룬 영화로 데이빗 린치의 작품 중 가장 대중적이다. 다발성 신경섬유종증이라는 희귀병 때문에 기형이 된 불행한 영국인 존 메릭의 실화를 바탕으로 인간의 존엄성에 대한 근본적인 질문을 던지고 있다. 이 영화는 기괴하고 음침한 초현실의 세계를 즐기는 데이빗 린치의 영화를 싫어하는 관객도 재미와 감동으로 쉽게 다가갈 수 있는 영화이다.

**듄 Dune, 1984(주연_카일 맥라클란, 프란세스카 애니스, 스팅)**

프랭크 허버트가 쓴 동명의 공상과학 소설을, 컬트영화의 명감독 데이빗 린치가 20년 만에 영화화한 것이다. 〈스타워즈〉를 이은 또 하나의 공상과학 영화다. 하지만, 제작자와의 갈등으로 50여 분의 필름이 잘려나가고 흥행에 실패하면서 린치 감독의 최대 졸작으로 평가받고 있다.

**블루 벨벳 Blue Velvet, 1986(주연_카일 맥라클란, 이사벨라 로셀리니, 데니스 호퍼)**

평온한 삶 뒤에 감춰진 기묘한 미스터리의 세계를 데이빗 린치 감독이 절묘한 영상 감각으로 그려낸다. 이 영화는 일종의 사디스트를 소재로, 특이한 구성 전개 속에 린치 감독 특유의 번뜩임과 파격적인 영상으로 어둡고 관능적인 세계를 묘사하여 평론가들의 극찬과 함께 컬트영화의 대표작으로 손꼽힌다. 이사벨라 로셀리니가 과감한 누드 노출 연기를 펼치고, 그녀를 괴롭히는 악역으로 출연한 데니스 호퍼의 연기가 압권이다. LA 비평가협회 감독상, 제15회 아보리아츠 환상영화제 그랑프리 수상, 미국 영화비평가협회 80년대 베스트 무비 3위, 타임지 선정 베스트 2위, 프리미어지 80년대 최고의 영화에 선정되었다.

### 광란의 사랑 Wild At Heart, 1990(주연_니컬러스 케이지, 로라 던)

무자비한 추적자들을 피해 미국 남부를 거쳐 텍사스까지 종주하는 남녀의 거칠고 노골적인 러브 스토리이자 로드무비이며, 아메리칸 드림의 추악한 측면을 폭로한 사회물이고, 로큰롤이 흥건히 흐르는 청춘드라마다. 데이빗 린치 감독은 이 영화로 90년 칸느 국제영화제 황금종려상을 받았다. 배리 기포드의 원작을 영화한 것으로 니컬러스 케이지의 매력을 확인할 수 있다.

### 트윈 픽스 (TV)Twin Peaks, 1990(주연_카일 맥라클란, 마이클 온트킨, 매드첸 애믹)

미국 TV 역사상 가장 화제가 되었던 작품으로 ABC-TV를 통해 방영되었다. 전 세계적으로 17억 명이 시청한 〈트윈 픽스〉 시리즈는 미국에서만 33%의 시청률을 기록하였으며, 일본에서도 크게 화제가 되어 두 차례나 방영되었다. 1991년 골든 글로브 최우수 TV 시리즈 상을 받았으며, 같은 해 에미상 14개 부문에 노미네이트되었다. 데이빗 린치를 세상에 널리 알려지게 만든 이 작품은 1992년 극장판으로도 상영되었다.

### 로스트 하이웨이 Lost Highway, 1996(주연_빌 풀만, 패트리샤 아퀘트, 발세이저 게티)

이 영화는 설명할 수 없는 기묘한 일들이 속출하지만 강렬한 인상을 주고 있다. 가령, 지금 눈앞에서 대화하고 있는 남자가 동시에 내 집에서 내 전화를 받고 말을 한다? 감옥에 갇혀 있던 주인공이 갑자기 전혀 딴 사람으로 변신해버린다? 죽은 아내와 똑같은 여자가 관능적인 창녀로 살아난다? 이러한 영화의 무겁고 괴기스러운 분위기에 이끌리다 보면 설명이 불가능한 사건에 뭔가 숨겨둔 게 아닐까 하고 생각되지만 정작 감독은 '그런 식의 독법은 필요치 않다. 이성이 아닌 직관으로 보라'고 주문한다. 첫 장면에서 '딕 로렌트는 죽었다'라는 장면이 마지막 장면과 동일해서 전체가 순환하고 있는 것도 이채로운 편집이다.

### 스트레이트 스토리 The Straight Story, 1999(주연_리차드 판스워드, 씨씨 스페이식)

실화를 바탕으로 노년의 주인공 스트레이트가 잔디 깎기를 개조한 트랙터를 몰고 병든 형을 찾아 300마일의 기나긴 여행을 떠나는 감동적인 로드무비이다. 몸도 불편한 노인은 가을 여행의 여정 속에서 여러 사람들을 만나면서 가족의 소중함을 전한다. 칸느 국제영화제 소개 당시 평론가들로부터 극찬을 받았던 이 영화는 미국 영화로서는 보기 드물게 순수한 사람들의 정과 가족애를 느낄 수 있으며, 고집 센 황혼의 주인공이 기나긴 인생에서 깨달은 현명한 언행을 지켜보다 보면 잔잔한 감동과 긴 여운을 느낄 수 있다. 그해 칸느 국제영화제 황금종려상과 2000년 아카데미 영화제 남우주연상에 노미네이트되었다.

### 멀홀랜드 드라이브 Mulholland Dr, 2001(주연_나오미 와츠, 로라 해링)

할리우드를 배경으로 자동차 사고로 기억을 잃은 여자와 그녀를 도와주려는 여자를 중심으로 할리우드 이면을 그린 미스터리 스릴러이다. 애초 TV 파일럿 프로그램이었던 것을 영화화했다. 시사회 직후 "데이빗 린치가 돌아왔다"라는 평가를 받았을 정도로 데이빗 린치 영화의 특징이 압축된 영화로 꿈과 현실의 경계를 넘나들며 관객들에게 결코 빠져나올 수 없는 황홀한 퍼즐게임을 제안한다.

### 인랜드 엠파이어 Inland Empire, 2006(주연_로라 던, 제레미 아이언스, 저스틴 서룩스)

영화의 도입부에서부터 긴장감을 예견하며, 극의 미스터리한 흐름을 이끌어 가는 영화는 할리우드 영화의 제작과정을 그리며, 배우와 감독, 그리고 제작자들 생활의 이면을 카메라에 담았다. 그리고 '폴란드의 영화를 리메이크 하는 영화에 출연하게 된 남녀배우에 의해 원작의 살해당한 남녀 주인공의 미스터리한 죽음에 관한 미궁'을 조금씩 드러내며, 스릴 넘치는 긴장감을 지속시켜 나간다. 데이빗 린치 감독의 강렬한 스토리와 영상은 이 미스터리 스릴러 드라마를 한층 더 돋보이게 한다. 3년간 촬영하면서 여주인공으로 출연한 로라 던은 언제나 데이빗 린치 감독의 곁에서 대기하며 촬영에 임했는데, 시나리오 없이 연기하면서 수많은 난관을 극복하는 등 그녀의 새로운 모습을 볼 수 있다.

[ 인용된 문헌 ]

*Ramayana.* Retold by William Buck, University of California Press, 1976.

*Eternal Stories from the Upanishads.* Thomas Egenes and Kumuda Reddy. Smriti Books, 2002.

*Maharishi Mahesh Yogi on the Bhagavad-Gita: A New Translation and Commentary, Chapters 1-6.* International SRM Publications, 1967. Penguin Books, 1969.

*Maharishi's Absolute Theory of Defence.* Maharishi Mahesh Yogi. Age of Enlightenment Publications, 1996.

*The Upanishads.* Translated by Alistair Shearer and Peter Russell. Harper & Row, 1978.

[ 용어 설명 ]

**DV(Digital Video)**
디지털 비디오테이프의 포맷 중 하나임.

**로제타석(Rosetta Stone)**
1799년 나폴레옹의 이집트 원정군이 나일강 어귀 로제타 마을에서 발견한 검은색의 비석. 1822년 프랑스 고고학자 샹폴리옹이 상형문자 등 세 개 언어로 적힌 비문이 기원전 이집트 파라오의 공덕을 찬양하는 내용임을 밝혀내면서 이집트 상형문자를 해독할 수 있게 됨.

**만트라(Mantra, 진언眞言)**
진실을 뜻하는 산스크리트어로 불교에서는 진언(眞言)이라 해석하며 일명 명주(明呪)라고 한다. 이를 계속 반복해 외우면 신비한 힘이 생기고 번뇌를 없앨 수 있다고 하여 인도 대승불교 말기인 7세기 후반부터 불교밀교의 성행과 함께 크게 유행하였다. 대표적인 진언으로 '옴 마니 밧메 훔' '아멘' '나무아미타불 관세음보살' 등이 있다. 또한, 영적사상가 또는 명상가에게는 특별한 우주에너지를 활성화 시켜주는 소리로, 태초의 신성한 생명, 거룩한 신의 성령이라는 뜻으로 사용되는 주문과 같은 소리를 말한다.

**볼티모어 선(Baltimore Sun)**
미국 볼티모어에서 발행되는 일간신문.

**베다(Veda)**
'앎' 이라는 뜻의 산스크리트어로 오늘날 힌두교의 경전을 일컬음. 이 경전은 기원전 약 1500년을 전후로 산스크리트어로 쓰여졌으며 고대 인도 종교, 신화 및 철학의 주춧돌이라고 할 수 있음.

**브라만(Brahman)**
카스트의 가장 높은 계층으로 주로 성직자 계층을 일컬음.

**스톱 모션(stop motion)**
화면에서 연기자나 대상물을 움직이지 않는 상태로 정지하는 기법.

**시퀀스(sequence)**
몇 개의 관련된 신scene이 모여 하나의 구성 단위가 된 것. 한 편의 영화는 여러 개의 시퀀스로 구성됨.

**EEG(Electroencephalogram)**
뇌전도. 뇌의 신경에서 발생하는 전기 신호, 즉 뇌파를 측정하는 것.

**요기(yogi)**
요가를 수련하는 사람.

**LA 위클리(LA Weekly)**
미국 로스앤젤레스 일대에 무료로 배포되는, 문화를 주로 다루는 주간신문.

**월 스트리트 저널(Wall Street Journal)**
미국의 권위 있는 일간신문 중 하나로 경제 분야를 주로 다룸.

**초월명상법(Transcendental Meditation)**
명상을 통해 질병을 치료하고 건강을 유지하는 대체의학. 동양에서는 오랜 옛날부터 존재해왔으나 현대의학을 대체하는 치료법으로 연구된 것은 1960년대 이후 인도의 요가와 명상이 본격적으로 서양에 알려지면서부터임. 특히 스트레스에 관련된 질환과 약물치료 부작용에 불만족스러웠던 의사들이 널리 보급함.

**카메리미지(Camerimage)**
폴란드에서 열리는 국제영화제.

**파일럿 프로그램(pilot program)**
편성이 확정되기 전에 견본용으로 만든 시작품(試作品) 프로그램.

**팬(pan)**
카메라를 받침대에 올려 둔 채 좌우로 회전하며 촬영하는 방식.

## [ 인명 설명 ]

**도리스 데이(Doris Day, 1923~)**
청순한 이미지로 1940년대부터 1960년대까지 전성기를 누린 할리우드 여배우.

**데니스 호퍼(Dennis Hopper, 1936~)**
미국의 연기파 배우 겸 영화감독. 〈블루 벨벳〉 출연.

**로라 던(Laura Dern, 1967~)**
할리우드 여배우. 〈블루 벨벳〉 〈광란의 사랑〉 〈덩쿨 장미〉 〈쥬라기 공원〉 〈인랜드 엠파이어〉 출연.

**로버트 헨리(Robert Henri, 1865~1929)**
미국 화가. 마네와 프란스 할스의 영향을 받아 도시의 정경이나 인물을 주로 그렸는데, 어두운 색조와 행동 묘사에 뛰어난 솜씨를 보임. 1923년 자신의 이론을 집대성한 저서 《예술 정신 The Art Sprit》을 통해 미국과 유럽의 많은 젊은 예술가에게 큰 영향을 줌.

**마하리시 마헤시(Maharishi Mahesh)**
인도의 종교지도자로 초월명상법의 창시자. 2008년 2월 91세로 사망함.

**스탠리 큐브릭(Stanley Kubrick, 1928~1999)**
미국의 대표적 영화감독. 《로리타》 등으로 블랙코미디의 새로운 장을 열음. 《닥터 스트레인지 러브》 《2001년 스페이스 오디세이》 《시계태엽장치의 오렌지》 등의 미래 시리즈 3부작으로 세계적으로 큰 파장을 불러일으켰음. 형식미와 내용을 아우르는 뛰어난 작품들로 현재 가장 존경받는 영화감독 중의 한 명으로 꼽힘.

**바비 빈튼(Bobby Vinton, 1935~)**
미국의 남성 팝가수. 1960년대 수많은 히트곡을 냄. 특히 감미로우면서도 애달픈 목소리로 아직까지 인기를 얻고 있는 히트곡 「Mr Lonely」로 미스터 론리란 애칭을 얻음.

**빌리 와일더**(Billy Wilder, 1906~2002)
미국 저널리스트이자 영화감독, 극작가, 제작가로 50년이 넘도록 60편이 넘는 작품을 만듦. 할리우드의 황금시대에 활동한 총명하고 다재다능한 영화제작사의 한 사람으로 꼽힘. 〈이중 배상〉〈비장의 술수〉〈제17포로 수용소〉〈사브리나〉〈7년만의 외출〉〈하오의 연정〉〈정부〉〈뜨거운 것이 좋아〉등 많은 작품이 비평가와 대중으로부터 동시에 사랑을 받음.

**새뮤얼 바버**(Samuel Barber, 1910~1981)
오늘날 미국을 대표하는 신낭만주의 계열의 중견 작곡가. 로마 유학 중 남긴 〈교향곡 1번〉과 〈현악을 위한 아다지오〉로 자신의 이름을 전 세계에 알림. 특히 서정성이 짙은 〈현악을 위한 아다지오〉는 많은 콘서트와 영화 〈플래툰〉〈엘리펀트 맨〉〈로렌조 오일〉〈엘 노트〉에서 연주되면서 널리 알려짐.

**알프레드 히치콕**(Alfred Hitchcock, 1899~1980)
영국 출생의 미국 영화감독. 스릴러 영화라는 장르를 확립하였으며 그 분야의 1인자임. 〈암살자의 집〉〈39계단〉등에서 심리적 불안을 연출하는 '히치콕 터치'를 창출함. 〈현기증〉〈사이코〉〈새〉등 순수 스릴러 영화를 제작하였고 TV 프로그램에 출연하기도 함.

**안젤로 바달라멘티**(Angelo Badalamenti, 1937~)
영화음악가. 데이빗 린치와 최고의 콤비. 〈블루 벨벳〉〈광란의 사랑〉〈트윈 픽스〉〈스트레이트 스토리〉〈멀홀랜드 드라이브〉〈잃어버린 아이들의 도시〉〈비치〉〈레지스탕스〉등 사운드 트랙 작곡함.

**O.J. 심슨**(O.J. Simpson, 1947~)
미국 미식축구 스타플레이어 출신의 흑인 연예인. 백인 아내와 그 정부를 살해한 혐의로 재판에 회부됐으나 결국 무혐의로 풀려남.

**페데리코 펠리니**(Federico Fellini, 1920~1993)
이탈리아의 영화감독. 난폭한 차력사와 백치 처녀와의 편력을 사실적으로 묘사한 《길》로 세계적인 주목을 받은 이후 《카비리아의 밤》《달콤한 생활》등 많은 작품을 만들어 예술영화의 거장으로 불림.

**카일 맥라클란**(Kyle MacLachlan, 1959~)
미국의 영화배우. 〈듄〉〈블루 벨벳〉〈트윈 픽스〉출연.

## 데이빗 린치의 빨간방

초판 1쇄 발행 2008년 11월 20일
초판 7쇄 발행 2024년 12월 1일

지은이    데이빗 린치
옮긴이    곽한주
펴낸이    정상우
편집      이민정
디자인    ㈜꽃피는봄이오면
관리      남영애

펴낸곳    그책
출판등록  2007년 11월 29일 (제13-237호)

주소      서울시 은평구 증산로9길 32(03496)
전화번호  02-333-3705
팩스      02-333-3745
facebook.com/thatbook.kr
instagram.com/that_book

ISBN     978-89-961448-1-6  03680

그책 은 ㈜오픈하우스의 문학·예술 브랜드입니다.

* 책값은 뒤표지에 있습니다.
* 잘못된 책은 교환해 드립니다.
* 이 책의 전부 또는 일부 내용을 재사용하려면 반드시
  사전에 그책의 서면에 의한 동의를 받아야 합니다.